1500 FAITS EXTRAORDINAIRES POUR ESPRITS CURIEUX

Ilia Moui

© 2023 Moui Ilia
Tous droits réservés.
Illustrations par Moui Ilia
Édition : Independently published
ISBN : 9798866616121

Ne Manquez Pas le Bonus Exclusif à la Fin du livre !

C'est Quoi Le Programme ?

Avant-goût 5

Explorateurs célèbres 12

Technologies du futur 16

Découvertes sous-marines 21

Mythologie et légendes 26

La vie à l'époque des pharaons 31

Mystères non résolus 36

Inventions accidentelles 40

Mode à travers les âges 44

Les étoiles et constellations 47

Rois et reines célèbres 50

Les merveilles du monde 54

Les pirates et leurs trésors cachés 57

Fêtes et traditions du monde 60

Superaliments et nutrition 63

Records du monde 66

Sportifs légendaires 71

Les grandes migrations animales 74

Arts martiaux du monde 77

Voyages spatiaux et conquête de l'espace 80

Magiciens et illusionnistes 83

L'ère des dinosaures 86

Musiques et danses du monde 89

Inventeurs et leurs créations 92

Les grands écrivains et leurs œuvres 95

Énergies renouvelables 98

Les grandes civilisations 100

Endroits hantés et légendes urbaines 103

Jeux traditionnels et jeux de société 106

Les héros de la résistance 109

Les phénomènes climatiques 112

Fruits et légumes exotiques 115

Les grands artistes et leurs chefs-d'œuvre 117

La vie des samouraïs 120

Monuments historiques 123

Faune sauvage 126

Voyages en ballon et dirigeables 130

Les grands scientifiques 132

Cuisines du monde 135

Phares et leur importance 138

Le monde fascinant des insectes 141

Histoire des Jeux olympiques 144

L'évolution des dessins animés 147

L'histoire des jeux vidéo 150

Les super-héros à travers les âges 153

Les boy bands et girl groups célèbres 157

L'évolution des jouets populaires 160

Les sagas littéraires 163

Les réseaux sociaux 166

Les festivals de musique emblématiques 168

Les films et séries cultes 170

La cryptographie et les codes secrets 173

Le corps humain 176

L'histoire du cinéma et des effets spéciaux 179

Les grandes femmes de l'histoire 182

Le sport 185

La musique et les instruments 188

Science 191

Théâtre et spectacle 194

Anthropologie 197

Les lois 200

Les entreprises 203

Politique 206

Drapeau 209

Médecine 212

Extraterrestres et ovnis 215

Le pouvoir des couleurs 218

Machines incroyables 221

Les châteaux forts 224

Les phénomènes naturels inexpliqués 227

Les civilisations disparues 230

Les mathématiques dans la nature 233

Échecs et échec et mat 236

L'art du camouflage 239

Les mois de l'année 242

Les pierres précieuses 245

Partagez Votre Avis et Découvrez Plus avec Notre Jeu de Questions Inédites ! 249

Avant-goût

La Grande Muraille de Chine est tellement grande qu'on pourrait la voir depuis la Lune, non ? Faux ! Malgré la légende populaire, elle n'est pas visible depuis la Lune à l'œil nu.

Le premier film jamais réalisé ne durait que 2,11 minutes. Créé par les frères Lumière en 1895, il montrait des ouvriers quittant leur usine.

Il y a un sport appelé "le football sous-marin". Oui, vous avez bien entendu ! Les joueurs portent des palmes et utilisent un ballon lesté pour marquer des buts, tout ça sous l'eau.

Un octogone a huit côtés, c'est logique. Mais savez-vous ce qu'est un chiliogone ? C'est une figure avec 1 000 côtés !

Les girafes n'ont que deux modes de sommeil : debout ou couché en boule. Même quand elles dorment debout, elles sont prêtes à fuir en cas de danger.

Savais-tu qu'une seule cellule de ton cerveau peut garder cinq fois plus d'informations que l'Encyclopédie Britannica ? C'est énorme, parce que cette encyclopédie a près de 40 millions de mots sur un demi-million de sujets ! C'est un peu comme si tu avais une immense bibliothèque dans ta tête !

Le café était si important dans la culture ottomane qu'en 1475, il y avait une loi qui permettait à une femme de divorcer si son mari ne lui fournissait pas assez de café.

Le plus vieux morceau de chewing-gum connu a environ 5 000 ans et a été trouvé en Suède. Imaginez mâcher quelque chose qui a été fabriqué avant les pyramides !

En 1962, une éruption volcanique sous-marine près de l'Islande a créé une nouvelle île. On l'a appelée Surtsey, d'après un géant du feu dans la mythologie nordique.

Le dernier repas servi sur le Titanic comprenait dix plats. Le menu allait des huîtres au foie gras, en passant par le canard rôti.

Le terme "déjeuner" en français signifie en réalité "casser le jeûne". Alors, la prochaine fois que vous prendrez votre petit-déjeuner, rappelez-vous que vous rompez un jeûne !

Il y a un musée du caca en Angleterre. Oui, vous avez bien lu. Le "Poo Museum" est dédié à tout ce qui concerne les excréments.

Les fourmis sont incroyablement fortes pour leur taille. Elles peuvent porter jusqu'à 50 fois leur propre poids. C'est comme si un enfant portait une voiture !

Le rubis et le saphir sont en réalité le même minéral, appelé corindon. La seule différence entre eux est la couleur. Les rubis sont rouges à cause des traces de chrome dans le corindon, tandis que les saphirs peuvent être de différentes couleurs (bleu étant le plus connu) dues aux traces de fer, de titane ou d'autres éléments.

Un éclair peut chauffer l'air autour de lui à des températures cinq fois plus élevées que la surface du soleil. C'est brûlant !

Les kangourous ne peuvent pas marcher à reculons. Leur structure corporelle et leur longue queue les en empêchent.

Les flocons de neige ont toujours six branches. Pas cinq, pas sept, toujours six, à cause de la manière dont les molécules d'eau se cristallisent.

Le plus grand désert du monde n'est pas le Sahara, mais l'Antarctique ! Bien qu'il soit couvert de glace, il est techniquement considéré comme un désert en raison de la faible quantité de précipitations.

Il existe une île où les serpents sont si nombreux qu'on l'appelle "l'île aux Serpents". Elle se trouve au large des côtes du Brésil et il est illégal de s'y rendre sans permission.

Le plus long mot sans voyelle de la langue française est "crypts", un terme qui signifie « cavités souterraines » ou « lieux cachés ».

Il y a plus de façons de mélanger un jeu de cartes standard que d'atomes sur Terre. C'est presque impossible à imaginer !

Si vous mettiez tous les vaisseaux sanguins de votre corps bout à bout, ils pourraient faire le tour de la Terre plus de deux fois.

Les abeilles sont vraiment intelligentes, tu sais ? Elles peuvent même reconnaître les visages des gens. Des scientifiques ont fait une expérience où ils ont montré aux abeilles des photos de personnes. Les abeilles ont appris à savoir quel visage leur donnerait une petite récompense sucrée, comme du nectar. C'est incroyable, n'est-ce pas ?

L'éruption du volcan Krakatoa en 1883 a produit le son le plus fort jamais enregistré. Le bruit a été entendu à plus de 3 000 miles de distance, ce qui équivaut à environ 4 828 kilomètres.

Le nom complet de la ville de Bangkok en Thaïlande est Krung Thep Mahanakhon Amon Rattanakosin Mahinthara Ayuthaya Mahadilok Phop Noppharat Ratchathani Burirom Udomratchaniwet Mahasathan Amon Piman Awatan Sathit Sakkathattiya Witsanukam Prasit. Ce nom incroyablement long de 169 caractères détient le record du monde Guinness pour le nom de lieu le plus long.

Les étoiles de mer n'ont pas de cerveau. Elles utilisent un réseau de nerfs pour se déplacer et chasser, ce qui est assez incroyable pour un animal sans cerveau.

La lumière du soleil met environ 8 minutes et 20 secondes pour atteindre la Terre. Donc, quand vous regardez le soleil, vous voyez comment il était il y a un peu plus de 8 minutes.

La pâte à modeler, si adorée des enfants et des artistes, a vu le jour comme produit de nettoyage. C'est vrai ! Initialement conçue pour nettoyer le papier peint, elle n'était pas vraiment efficace. Mais lorsqu'un enseignant a découvert qu'elle était parfaite pour les projets d'art en classe, une nouvelle utilisation lui a été trouvée.

Le velcro est une autre invention qui doit son existence à une promenade dans la nature. Un ingénieur suisse, Georges de Mestral, a remarqué comment les graines de bardane s'accrochaient à son pantalon et aux poils de son chien. Il a été tellement fasciné qu'il a décidé de créer un mécanisme d'attache qui imite ce phénomène naturel.

Vous vous êtes déjà demandé pourquoi les bulles de savon sont rondes ? Eh bien, c'est à cause de la tension superficielle de l'eau ! Les molécules d'eau s'attirent les unes les autres, créant une forme sphérique. C'est la manière la plus efficace pour l'eau de minimiser sa surface.

L'histoire du Frisbee est tout aussi amusante ! Saviez-vous qu'il a été inspiré par les moules à tartes d'une pâtisserie ? Les étudiants lançaient ces moules comme des disques, et l'entreprise de jouets Wham-O a remarqué ce jeu et a créé le Frisbee que nous connaissons aujourd'hui.

Et n'oublions pas le Rubik's Cube, ce casse-tête qui a fasciné des générations. Il a été inventé par Ernő Rubik, un architecte hongrois, pour aider ses étudiants à comprendre les dimensions spatiales. Il n'avait jamais imaginé que son jouet deviendrait un phénomène mondial.

Le bruit de crépitement que vous entendez lorsque vous cassez une barre de chocolat n'est pas un hasard. Le son est le résultat de la rupture des cristaux de sucre et de cacao dans le chocolat. Plus le bruit est net, plus le chocolat est de bonne qualité !

Avez-vous déjà entendu parler du syndrome de Stendhal ? C'est une réaction physique et émotionnelle intense à une surdose d'art ou de beauté, et elle a été nommée d'après l'écrivain français Stendhal. Imaginez être tellement ému par un tableau que votre cœur commence à battre la chamade !

La prochaine fois que vous verrez une araignée dans la maison, ne vous précipitez pas pour l'écraser ! Certaines araignées sont en fait de grandes alliées dans la lutte contre les insectes nuisibles. Elles peuvent consommer jusqu'à 2 000 insectes par an !

Le chewing-gum a une histoire fascinante. Savez-vous qu'il était à l'origine fabriqué à partir de la sève d'arbres ? Les Mayas utilisaient le chicle, une forme de caoutchouc naturel, comme base pour leur gomme à mâcher.

La fameuse mélodie Nokia, que beaucoup d'entre nous associent aux téléphones portables, est en fait une composition de guitare classique appelée "Gran Vals", écrite par le musicien espagnol Francisco Tárrega en 1902.

Les pandas passent presque toute leur journée à manger du bambou, mais saviez-vous qu'ils ont un système digestif de carnivore ? C'est un vrai mystère de la biologie comment ces créatures adorables tirent assez de nutriments de leurs repas de bambou !

Le terme "OK" provient de l'expression "Oll Korrect," une manière humoristique de mal orthographier "All Correct" en anglais. Il a été popularisé pendant la campagne présidentielle de Martin Van Buren en 1840 et est devenu partie intégrante de notre langage courant.

Le point le plus profond des océans est la fosse des Mariannes, qui est si profonde que si l'on y plaçait le mont Everest, son sommet serait encore à plus de deux kilomètres sous l'eau !

La grande pyramide de Gizeh était autrefois recouverte de calcaire blanc, qui reflétait le soleil. Cela la faisait briller comme un « bijou » pendant la journée, ce qui lui a valu le nom de "Horizon de Khéops".

Le ketchup était à l'origine une sauce à base de poisson fermenté. Oui, vous avez bien lu ! Ce n'est que bien plus tard qu'il a été fabriqué avec des tomates.

Les flamants roses ne sont pas vraiment roses. Ils naissent gris, et leur couleur rosée provient de leur régime alimentaire riche en bêta-carotène, comme les crevettes et certaines algues.

Avez-vous déjà entendu parler de la pluie de poissons ? C'est un phénomène météorologique rare mais bien réel, où des poissons sont aspirés dans les nuages lors d'une trombe marine et retombent ensuite avec la pluie.

Le jeu de plateau le plus ancien connu à ce jour est le Senet, un jeu égyptien qui date de 3500 ans avant notre ère. Les règles exactes se sont perdues dans le temps, mais des répliques du jeu sont souvent trouvées dans les tombes égyptiennes.

Le tatouage a une histoire ancienne et variée. On a trouvé des marques de tatouage sur Ötzi, l'homme des glaces, qui a vécu il y a plus de 5 000 ans !

Les dauphins utilisent des éponges marines pour protéger leur rostre (leur « nez ») lorsqu'ils fouillent le fond marin à la recherche de nourriture. C'est ce qu'on appelle l'utilisation d'outils chez les animaux, et c'est assez rare.

Le yéti, souvent appelé l'abominable homme des neiges, est une créature légendaire de l'Himalaya. Bien que de nombreuses expéditions aient été organisées pour le trouver, aucune preuve concluante de son existence n'a été apportée.

Saviez-vous que les empreintes digitales des koalas sont si semblables à celles des humains qu'elles ont déjà été confondues lors d'investigations criminelles ?

Le premier ascenseur a été installé dans un grand magasin de New York en 1857. Cependant, il n'a pas été un succès immédiat car les gens avaient peur de l'utiliser.

La Tour Eiffel n'était pas très populaire parmi les Parisiens lors de sa construction pour l'Exposition universelle de 1889. Beaucoup la considéraient comme une « horreur de métal ». Aujourd'hui, c'est l'un des monuments les plus aimés et visités au monde.

Les licornes, ces créatures mythiques, ont des origines diverses. Dans certaines cultures, elles représentent la pureté et la grâce, tandis que dans d'autres, elles sont des créatures féroces à éviter.

Le plus grand organisme vivant sur Terre n'est pas une baleine ou un séquoia, mais un réseau de champignons souterrains dans l'Oregon, aux États-Unis. Il s'étend sur plus de 2 385 acres !

Le plus petit os du corps humain est l'étrier, situé dans l'oreille interne. Il mesure à peine 0,1 pouce (2,5 mm) !

Le yoyo est l'un des jouets les plus anciens au monde. On pense qu'il a été inventé en Grèce antique, il y a plus de 2500 ans.

La "Théorie du chaos" suggère que le battement d'ailes d'un papillon au Brésil peut provoquer une tornade au Texas. Bien que cela puisse sembler exagéré, l'idée est que de petits changements peuvent avoir de grands effets dans des systèmes complexes.

Les fourmis ont une espérance de vie étonnamment longue par rapport à leur petite taille. Certaines reines peuvent vivre jusqu'à 30 ans, ce qui est incroyable pour un insecte !

La plus grande cascade souterraine se trouve dans la grotte de Whiting au Tennessee, aux États-Unis. Elle a une hauteur de 145 pieds (44 mètres), ce qui est assez impressionnant pour une cascade cachée sous la surface de la Terre.

La célèbre poupée Barbie a été inventée par Ruth et Elliot Handler. Ils ont nommé la poupée "Barbara Millicent Roberts" en l'honneur de leur fille, Barbara. Donc, le nom complet de Barbie est en réalité Barbara Millicent Roberts! C'est comme si Barbie faisait partie de leur famille.

L'origami, l'art japonais du pliage de papier, a été précédé par une pratique similaire en Chine, connue sous le nom de Zhezhi. Le papier a été inventé en Chine, donc c'est logique que l'art du pliage de papier y ait aussi vu le jour.

Le chocolat était considéré comme une monnaie dans les anciennes civilisations maya et aztèque. Les fèves de cacao étaient si précieuses qu'elles étaient utilisées pour payer des impôts !

La langue la plus parlée dans le monde n'est pas l'anglais, mais le mandarin, avec près d'un milliard de locuteurs natifs. L'anglais vient en troisième position, après l'espagnol.

J'espère que ces faits vous ont surpris et vous ont donné envie d'en savoir plus sur notre monde incroyable. Prêts pour l'aventure ?

Explorateurs célèbres

Accrochez-vous, les aventuriers en herbe ! Imaginez-vous débarquant sur une terre inconnue avec seulement quelques centaines de compagnons. C'est exactement ce qu'a fait Hernán Cortés en arrivant au Mexique. Mais ne vous y trompez pas, ce n'était pas une simple balade dans le parc ! Entre des alliances de dernière minute et des quiproquos qui ont changé le cours de l'histoire, Cortés a réussi à renverser un empire entier ! Incroyable, non ?

Avant même que Christophe Colomb ne mette un pied en Amérique, les Vikings y étaient déjà ! Guidés par Leif Erikson, ces guerriers du Nord ont navigué jusqu'à un endroit qu'ils ont appelé Vinland. C'est comme un "bonus level" dans un jeu vidéo, mais dans la vraie vie ! Malheureusement, leur séjour n'a pas duré longtemps, mais leur aventure prouve qu'il y a toujours plus à découvrir !

Qui a dit que les explorateurs ne pouvaient pas être des femmes ? Mary Kingsley a prouvé le contraire en voyageant à travers l'Afrique de l'Ouest, et elle n'était pas là pour faire du tourisme ! Elle a étudié les cultures locales et a même critiqué le colonialisme de son époque. Un vrai modèle de courage et d'ouverture d'esprit !

Imaginez-vous à la barre d'un navire, cartographiant des endroits que personne n'a jamais vus ! C'était le quotidien de James Cook. Mais attention, tout n'a pas été une croisière tranquille : son dernier voyage a pris une tournure tragique à Hawaï. Une fin mélancolique pour un homme qui a tant donné à la science et à l'aventure.

Avant que les Espagnols n'arrivent avec leurs bateaux, les îles Canaries étaient le foyer des Guanches. Après la conquête, leur culture unique a disparu, comme un vieux trésor perdu. Une véritable leçon sur l'importance de préserver les cultures locales.

Oubliez les GPS et les autoroutes, la Route de la Soie était le "Google Maps" du 2ème siècle avant notre ère jusqu'au 14ème siècle! Ce réseau complexe a connecté des continents entiers, permettant des échanges culturels et commerciaux. Un véritable "Internet" avant l'Internet !

Perdu dans les montagnes péruviennes, le Machu Picchu était un mystère jusqu'à ce qu'Hiram Bingham le remette sur la carte. Imaginez-vous découvrant une cité oubliée ! C'est comme trouver le niveau secret dans votre jeu vidéo préféré, mais en vrai !

Si vous pensez que votre bateau gonflable est cool, attendez de voir les navires de Zheng He ! Cet amiral chinois a voyagé dans plus de 30 pays avec des bateaux qui ressemblaient à de petits villages flottants. Une aventure épique sur les sept mers !

Alexandre n'était pas seulement "grand", il était énorme ! Du moins, son empire l'était. Mais même les plus grands héros ont leurs limites. Après avoir atteint l'Inde, ses troupes épuisées l'ont convaincu de faire demi-tour. Un rappel que même les conquérants ont besoin de repos !

Francisco de Orellana prétendait avoir rencontré une tribu de guerrières légendaires lors de son exploration du fleuve Amazone. Vrai ou faux ? Le débat continue, mais une chose est sûre : l'Amazonie est pleine de mystères qui attendent d'être découverts.

Peut-on vraiment être un grand explorateur sans savoir nager ? Marco Polo a prouvé que oui ! Il a passé près d'un quart de siècle à voyager à travers l'Asie et même si ses compétences en natation étaient inexistantes, sa bravoure était sans limites. Sa rencontre avec Kubilai Khan en Chine est devenue une légende, inspirant des générations d'aventuriers après lui.

Plongez dans le mystère glacial de l'Arctique avec Sir John Franklin. Il est parti en expédition pour découvrir le passage du Nord-Ouest, un itinéraire encore inexploré. Malheureusement, lui et son équipage sont devenus un des plus grands mystères de l'histoire de l'exploration. Retrouvés des décennies plus tard, gelés dans les glaces, leur histoire nous rappelle les risques que prennent les explorateurs pour étancher leur soif de connaissances.

Vous croyez que l'ascension de l'Everest est une mince affaire ? Demandez donc à Junko Tabei ! En 1975, elle est devenue la première femme à atteindre le sommet du toit du monde. Malgré tous les obstacles, elle n'a jamais abandonné. Une source d'inspiration pour toutes les femmes qui osent rêver grand.

Imaginez-vous perdu en Afrique, explorant des territoires encore inconnus. C'est ce qui est arrivé à David Livingstone. Il a disparu pendant des années en cherchant la source du Nil et a été retrouvé avec la célèbre phrase : "Dr. Livingstone, I presume?". Son amour pour l'Afrique et sa détermination à explorer en font une légende.

Si vous êtes fasciné par la Nouvelle-Zélande, vous pouvez remercier James Cook. Ce capitaine britannique a été un pionnier dans la cartographie de ce pays magnifique. En cours de route, il a même réussi à établir des relations avec les Maoris. Une aventure qui a enrichi notre connaissance du monde.

L'or a toujours été une source de fascination, n'est-ce pas ? Hernán Cortés était tout aussi fasciné, et cela l'a conduit à la conquête de l'Empire aztèque. Ses confrontations avec l'empereur Moctezuma II ont changé à jamais le cours de l'histoire. Mais son héritage est complexe, et le débat sur ses actions continue jusqu'à aujourd'hui.

Si vous pensez que la course pour atteindre le pôle Sud était une petite promenade dans la neige, détrompez-vous ! Roald Amundsen a devancé son rival Robert Falcon Scott et a été le premier homme à planter son drapeau là-bas. Son succès n'était pas seulement une victoire personnelle, mais une prouesse qui a mis en lumière les défis et les dangers de l'exploration en Antarctique.

Avez-vous déjà rêvé de devenir un diplomate ou un explorateur ? Pourquoi ne pas être les deux, comme Gertrude Bell ? Surnommée la "Reine du désert", elle a joué un rôle clé dans la création de l'Irak moderne et a tissé des relations avec de nombreuses tribus au Moyen-Orient. Ses talents linguistiques et diplomatiques étaient si impressionnants qu'elle reste une figure emblématique à ce jour.

Imaginez-vous en train de chercher une cité perdue dans la jungle amazonienne. C'est exactement ce que Percy Fawcett a tenté de faire avec sa quête de la "Cité Z". Malgré de nombreuses expéditions, il n'a jamais trouvé la cité et a finalement disparu dans la jungle en 1925. Son aventure ajoute une couche de mystère à une histoire déjà fascinante.

L'histoire de l'exploration est pleine de premières fois, et le premier tour du monde en est un exemple éclatant. Même si Ferdinand Magellan n'a pas survécu au voyage, son équipage, dirigé par Juan Sebastián Elcano, a réussi à terminer cette incroyable aventure. Un périple qui a définitivement prouvé que la Terre est ronde.

Parfois, il faut être audacieux pour briser les barrières. Jeanne Baré, déguisée en homme, est montée à bord de l'expédition de Louis Antoine de Bougainville et est devenue la première femme à faire le tour du monde. Un exploit qui a prouvé que le courage n'a pas de genre.

Si vous avez déjà été émerveillé par le Canada, vous devez un merci à Jacques Cartier. Cet explorateur français est le premier Européen à avoir cartographié le golfe du Saint-Laurent et a revendiqué le Canada pour la France. Son aventure a ouvert un nouveau chapitre dans l'histoire de la Nouvelle-France.

David Livingstone n'était pas simplement un explorateur, il était aussi un mystère. Il a disparu pendant des années en cherchant la source du Nil, avant d'être retrouvé avec les mots légendaires : "Dr. Livingstone, I presume?". Un rappel que chaque aventure a ses propres légendes.

Technologies du futur

Imaginez un monde où votre voiture saurait exactement où vous voulez aller, et pourrait même vous y conduire sans que vous ayez à lever le petit doigt. Les voitures électriques autonomes ne sont pas seulement une vision futuriste, elles pourraient bien devenir la norme. Grâce à la magie de l'intelligence artificielle, ces voitures discuteront entre elles pour éviter les embouteillages et se rechargeront sans câbles, en utilisant de l'énergie solaire. Dites adieu aux embouteillages et aux stations-service !

Vous êtes-vous déjà retrouvé à courir au supermarché parce que votre réfrigérateur était vide ? Dans le futur, votre maison pourrait s'occuper de tout cela pour vous. Les maisons intelligentes seront comme des assistants personnels, programmés pour connaître vos goûts et vos besoins. Imaginez des fenêtres qui s'assombrissent automatiquement en fonction du temps ou des réfrigérateurs qui commandent des aliments pour vous. Le confort d'un bouton, ou peut-être même d'une simple pensée.

Les cours d'histoire pourraient prendre une toute nouvelle dimension. Plutôt que de vous asseoir en classe à écouter un professeur parler de l'Égypte ancienne, pourquoi ne pas faire un voyage virtuel pour voir les pyramides vous-même ? Grâce à la réalité virtuelle, les élèves du futur pourraient explorer des mondes lointains sans jamais quitter la salle de classe, rendant l'apprentissage plus interactif et mémorable que jamais.

L'avenir de la médecine pourrait être révolutionné par la bio-impression. Imaginez des hôpitaux équipés d'imprimantes 3D capables de créer des organes humains sur commande, à partir de cellules vivantes. Plus de longues listes d'attente pour une transplantation, chaque organe serait une création sur mesure.

Les vêtements du futur seront bien plus que de simples bouts de tissu. Imaginez des t-shirts capables de mesurer votre rythme cardiaque ou des chaussures qui génèrent de l'électricité à chaque pas. La mode ne sera plus seulement une question de style, mais aussi de fonctionnalité.

La fusion nucléaire, autrefois un rêve lointain, pourrait devenir la source d'énergie de demain. Si cette technologie se concrétise, elle offrirait une source d'énergie propre et quasi illimitée. Imaginez des villes entières alimentées sans pollution ni émissions de carbone.

Dans un monde où tout est instantané, attendre plusieurs jours pour une livraison pourrait bientôt devenir une chose du passé. Des drones pourraient prendre le relais, livrant vos commandes directement à votre porte en quelques heures, voire en quelques minutes.

Les fermes pourraient bientôt s'élever vers le ciel plutôt que de s'étendre à perte de vue. Les fermes verticales, construites en hauteur dans des structures spéciales, pourraient révolutionner l'agriculture urbaine et réduire les émissions liées au transport de nourriture.

Qui n'a jamais rêvé de routes qui font plus que simplement vous porter d'un point A à un point B ? Des routes faites de panneaux solaires pourraient à la fois faciliter le transport et générer de l'électricité. Un deux-en-un qui serait un pas de géant vers une infrastructure plus durable.

Les implants cérébraux pourraient un jour permettre d'apprendre une nouvelle compétence en un clin d'œil. Plus besoin de passer des années à étudier une nouvelle langue ou à apprendre à jouer d'un instrument. Une simple puce électronique, et le tour serait joué.

Votre miroir pourrait devenir votre nouvel assistant mode. Grâce à la connectivité et à l'intelligence artificielle, il pourrait vous donner des conseils sur votre tenue du jour, en fonction de la météo ou de votre emploi du temps. Fini les dilemmes vestimentaires du matin.

Les ascenseurs pourraient ne plus être limités à un simple mouvement vertical. Imaginez des ascenseurs qui se déplacent aussi horizontalement, grâce à la lévitation magnétique. Les gratte-ciels du futur pourraient ressembler à de véritables labyrinthes tridimensionnels.

L'hydroponie pourrait devenir la nouvelle norme en agriculture. Cette technique, qui permet de cultiver des plantes sans sol, offre un rendement plus élevé et nécessite moins d'espace. Parfait pour nourrir une population mondiale en constante augmentation.

Adieu les appels vidéo figés sur un écran ! Les hologrammes pourraient permettre des conversations en face à face, même lorsque des kilomètres vous séparent. Les réunions à distance prendraient alors une toute nouvelle dimension.

Dans un monde où le temps est de l'argent, les trains pourraient bientôt voyager à des vitesses supersoniques. Grâce à des tubes sous vide, le trajet Paris-New York pourrait se faire en moins d'une heure. Voyager à l'autre bout du monde ne serait plus un obstacle. Les bâtiments du futur pourraient être conçus pour faire bien plus que simplement nous abriter.

Imaginez des structures capables d'absorber le dioxyde de carbone, contribuant ainsi à la lutte contre le changement climatique. Chaque édifice deviendrait un soldat silencieux dans la guerre contre le réchauffement global.

Fini les charges interminables ! Les batteries du futur pourraient se recharger en quelques secondes et durer des semaines. Les pannes de batterie deviendraient ainsi une contrariété du passé.

Ce ne serait plus seulement les plantes qui captent l'énergie solaire. Les fenêtres de nos maisons pourraient être conçues pour transformer la lumière du soleil en électricité, faisant de chaque bâtiment une mini-centrale solaire.

Les nanorobots pourraient révolutionner la médecine en ciblant directement les cellules malades. Des robots microscopiques pourraient administrer des médicaments aux cellules cancéreuses, épargnant les cellules saines et augmentant l'efficacité des traitements.

Des "neuroprothèses" pourraient être utilisées pour restaurer ou améliorer les capacités humaines, comme la vue ou l'ouïe. Des appareils sophistiqués pourraient être implantés dans le corps, repoussant les limites de ce que nous considérons comme "humain".

La technologie CRISPR, qui est un outil révolutionnaire que les scientifiques utilisent pour changer les gènes, pourrait être utilisée pour éliminer des maladies génétiques avant même la naissance. Ce serait un pas de géant dans la prévention des maladies et la garantie d'une vie plus saine pour tous.

La réalité augmentée pourrait devenir une partie intégrante de notre quotidien. Des informations numériques pourraient être superposées à notre environnement réel via des lunettes ou des lentilles, enrichissant notre interaction avec le monde qui nous entoure.

Des lentilles de contact intelligentes pourraient remplacer nos smartphones. Imagine, tu pourrais lire tes messages ou consulter la météo sans avoir à sortir ton téléphone. Un simple clignement des yeux, et le monde virtuel s'ouvre à toi.

L'intelligence artificielle pourrait révolutionner la manière dont nous interagissons avec les animaux. Des dispositifs spéciaux pourraient traduire les aboiements ou les miaulements en langage humain. Ainsi, tu saurais exactement ce que ton animal de compagnie veut te dire !

La réalité virtuelle pourrait aussi être utilisée pour la préservation de l'environnement. Imagine-toi en train d'explorer la forêt amazonienne sans quitter ta chambre. Tu pourrais même "planter" des arbres virtuels qui seront ensuite plantés dans la réalité !

En parlant d'arbres, des scientifiques travaillent sur des arbres qui brillent dans le noir. Plus besoin de lampadaires, les rues pourraient être éclairées par des arbres bioluminescents !

Les emballages alimentaires du futur pourraient être complètement comestibles. Fini les déchets, tu pourras manger ton sandwich et son emballage. Un vrai gain pour la planète !

Imagine des nuages artificiels qui pourraient être créés pour apporter de la pluie là où elle est le plus nécessaire. Les zones de sécheresse pourraient alors devenir des terres fertiles !

Les imprimantes 3D pourraient être utilisées pour fabriquer des maisons entières en quelques heures. Tu pourrais même choisir le design de ta chambre en quelques clics.

Le futur des jeux vidéo est encore plus excitant. Avec des gants spéciaux dits haptiques, tu pourrais sentir les objets et les textures du jeu comme si tu les touchais vraiment.

Des drones pourraient être utilisés pour replanter des forêts. Equipés de graines, ils survoleraient des zones déforestées et planteraient des milliers d'arbres en une seule journée.

Découvertes sous-marines

Le point le plus profond que l'on connaisse des océans, la fosse des Mariannes, plonge à plus de 10 000 mètres sous la surface. James Cameron, célèbre pour avoir réalisé le film « Titanic », s'est aventuré seul dans ces profondeurs en 2012.

Au fond des mers se trouvent des lacs de brine, des étendues d'eau extrêmement salée. Ces lacs sous-marins ont une composition unique et sont le foyer de formes de vie tout aussi singulières.

La légendaire épave du Titanic, qui a sombré en 1912, a été retrouvée en 1985 par le Dr Robert Ballard. Reposant à près de 3 800 mètres de profondeur, ce navire est un témoignage poignant de l'histoire maritime.

S'étendant sur plus de 2 300 kilomètres, la Grande Barrière de corail en Australie est le plus grand système de récifs coralliens de la planète. Son étendue est telle qu'elle est visible depuis l'espace.

L'année 2019 a été marquée par la découverte d'un calmar géant (environ 3 à 4 mètres) dans les profondeurs du golfe du Mexique, plus précisément à 750 mètres sous la surface. Cette trouvaille ajoute une autre couche de mystère à la biodiversité des abysses.

Comparées aux montagnes terrestres, les montagnes sous-marines sont tout aussi impressionnantes. Par exemple, si l'on mesurait le mont Mauna Kea à Hawaï depuis sa base océanique, il surpasserait l'Everest en hauteur.

Les villes englouties ne sont pas que des légendes. La cité perdue de Thônis-Héracléion a été découverte au large de l'Égypte, submergée depuis plus d'un millénaire. Ce lieu offre une fenêtre sur les civilisations anciennes et leur relation avec la mer.

Le "cercle de feu" du Pacifique est un arc de géoactivité connu pour ses séismes et éruptions volcaniques. Ce n'est pas tout, il est également le siège de cheminées hydrothermales qui éjectent des fluides chauds saturés de minéraux.

En 2020, une nouvelle espèce de méduse a été identifiée dans la fosse des Mariannes, prouvant que les mystères des profondeurs marines sont loin d'être tous résolus.

La mer Noire possède une particularité étonnante : une couche d'eau anoxique au-delà de 150 mètres de profondeur. Cette absence d'oxygène a pour effet de préserver remarquablement bien les épaves, offrant ainsi un trésor pour les archéologues maritimes.

L'Internet que nous utilisons quotidiennement repose en grande partie sur un vaste réseau de câbles sous-marins. Ils s'étendent sur des centaines de milliers de kilomètres et assurent les communications entre les continents.

Tamu Massif, le plus grand volcan sous-marin connu, se cache dans l'océan Pacifique. Sa superficie est presque comparable à celle de l'État du Nouveau-Mexique.

Les hydrates de méthane, des réserves de méthane congelé, sont dispersés sur les fonds marins. Ils pourraient représenter une source d'énergie future, mais leur exploitation soulève des questions environnementales.

Les sources hydrothermales des profondeurs sont le domicile de créatures capables de vivre dans des conditions extrêmes, telles que des températures élevées et des niveaux de toxicité élevés.

En 2018, une étonnante forêt d'algues a été découverte près de l'Antarctique. Cachée pendant des millénaires, elle nous rappelle combien les fonds marins restent un territoire inexploré.

Des phénomènes aquatiques surprenants, comme des "lacs" et "rivières" sous-marins, existent en raison de variations de salinité. Ces zones ont même leurs propres "vagues", une curiosité qui étonne les chercheurs.

L'épave de l'USS Indianapolis, coulée en 1945, a été localisée en 2017 à une profondeur vertigineuse de plus de 5 500 mètres. Ce navire de guerre américain repose dans l'océan Pacifique.

La mer Baltique est un trésor d'archéologie marine, abritant un grand nombre d'épaves bien préservées. Cette conservation est en partie due à sa faible salinité, qui freine la décomposition.

En 2015, une découverte archéologique majeure a été faite près des côtes grecques : une cité engloutie datant de 5 000 ans. Cette trouvaille apporte un nouvel éclairage sur les civilisations anciennes et la montée des eaux.

Certains requins, comme le requin du Groenland, ont évolué pour vivre dans des profondeurs extrêmes, dépassant souvent 2 200 mètres. Ces créatures adaptées nous en apprennent davantage sur les limites de la vie dans des environnements hostiles.

Alvin, un sous-marin de recherche, a effectué plus de 4 400 plongées, permettant aux scientifiques d'étudier les fonds marins comme jamais auparavant. Des découvertes sur la géologie, la biologie et l'archéologie sous-marines ont été rendues possibles grâce à cet outil.

Les icebergs ne sont pas seulement des masses de glace à la dérive. Sous la surface de l'eau, ils peuvent avoir des bases érodées, formant des cavernes et des tunnels qui sont de véritables œuvres d'art naturelles.

Dans l'obscurité abyssale, certains poissons, comme les poissons-lanternes ou poissons-pêcheurs, ont développé la capacité de produire leur propre lumière. Ce phénomène, appelé bioluminescence, leur permet d'attirer leurs proies dans l'obscurité totale.

La mer Morte, connue pour sa salinité exceptionnelle, abrite des structures microbiennes uniques appelées "matrices." Ces formations créent des paysages sous-marins étranges et sont un sujet d'étude pour les microbiologistes.

Les grottes sous-marines, telles que le célèbre Blue Hole au Belize, offrent un regard unique sur la géologie marine et les écosystèmes. Elles sont souvent le théâtre de découvertes scientifiques importantes.

En 2019, une pieuvre Dumbo a été observée à une profondeur record dans la fosse des Mariannes. Cette observation remet en question nos connaissances sur les limites de la vie dans les abysses.

Les câbles Internet sous-marins ne sont pas enterrés. En fait, la plupart reposent simplement sur le fond de l'océan. Des navires spéciaux les déroulent sur des milliers de kilomètres.

Les pieuvres ont trois cœurs et leur sang est bleu ! Ce sont des créatures incroyablement intelligentes qui peuvent résoudre des puzzles et même s'échapper de leur aquarium.

Les coraux ne sont pas seulement des plantes. En fait, ils sont une symbiose entre une algue et un animal. Les récifs coralliens sont comme les "forêts tropicales de la mer", abritant jusqu'à 25% de toutes les espèces marines connues.

Les requins-taureaux sont capables de survivre dans des eaux douces et salées. On les a trouvés remontant des rivières comme l'Amazone.

Le "point Nemo" est l'endroit de l'océan le plus éloigné de toute terre. Il est si isolé que les astronautes de la Station spatiale internationale passent plus près de ce point que quiconque sur Terre !

Le Mégalodon, un requin préhistorique, avait des dents pouvant mesurer jusqu'à 18 centimètres. Imagine un requin si grand qu'il pourrait avaler un bus !

Le kraken, une créature légendaire ressemblant à une pieuvre géante, est un mythe né des récits de marins. Aujourd'hui, on pense qu'il pourrait être inspiré de véritables observations de calmars géants.

Les dauphins utilisent des techniques de pêche élaborées et travaillent souvent en équipe pour rassembler et attraper des poissons. Ils sont également connus pour leur intelligence et leur aptitude à communiquer entre eux.

Mythologie et légendes

Dans la mythologie grecque, Icare symbolise l'hubris et les dangers de l'ambition démesurée. Ignorant les conseils de son père Dédale, il vole trop près du soleil, causant la fonte de ses ailes de cire et sa chute dans la mer Égée.

Le Minotaure, né de la liaison entre une reine et un taureau sacré, est enfermé dans un labyrinthe conçu par Dédale. Thésée, aidé par Ariane et sa pelote de fil, réussit à tuer la créature et à s'échapper, transformant le labyrinthe en tombeau pour le Minotaure.

Fenrir, le loup monstrueux de la mythologie nordique, est une figure terrifiante. Enchaîné par les dieux qui craignent sa puissance, il est destiné à rompre ses chaînes au Ragnarök, la fin du monde, pour dévorer le soleil et la lune.

La légende de Kuchisake-onna, la femme à la bouche fendue, est une légende urbaine japonaise effrayante. Elle pose une question trompeuse aux passants et dévoile ensuite son visage mutilé, mettant ses victimes dans un dilemme mortel.

Le roi Midas, célèbre pour son toucher qui transforme tout en or, est un exemple tragique de l'avidité humaine. Le don se révèle être une malédiction lorsque Midas transforme sa propre fille en statue d'or.

La quête du Saint Graal, le calice qui a recueilli le sang du Christ, est un élément central de la légende arthurienne. Seul Galaad, le chevalier pur, parvient à trouver le Graal, illustrant la notion de quête spirituelle et de pureté.

En Chine, le dragon est vénéré comme un symbole de puissance, de sagesse et de bonne fortune. À l'inverse des dragons occidentaux, souvent vus comme maléfiques, le dragon chinois est un bienfaiteur et un protecteur.

Le Chupacabra, une créature du folklore d'Amérique latine, est souvent blâmé pour des attaques contre le bétail. Son nom signifie "suceur de chèvres" en espagnol, et il est souvent décrit comme un monstre reptilien avec des épines ou des écailles.

Osiris, dans la mythologie égyptienne, est le dieu de la mort et de la résurrection. Assassiné par son frère Seth, il est ramené à la vie par sa femme Isis et devient le juge des âmes dans l'au-delà.

La Morrigan, déesse celtique de la guerre et du destin, est une figure complexe associée à la mort et la régénération. Elle peut prendre la forme d'une corneille ou d'une vieille femme, et elle joue souvent un rôle dans les prophéties de guerre et de mort.

Méduse, l'une des Gorgones, est célèbre pour ses cheveux de serpents et son regard pétrifiant. Persée réussit à la vaincre en utilisant un bouclier comme miroir, évitant ainsi son regard mortel.

Dans l'hindouisme, les avatars de Vishnou, comme Rama et Krishna, incarnent des principes moraux et spirituels. Ils apparaissent dans des périodes de grand déséquilibre cosmique pour rétablir l'ordre et la justice.

Baba Yaga, la sorcière slave, est une figure ambiguë. Tantôt maléfique, tantôt sage, elle vit dans une hutte montée sur des pattes de poulet et se déplace en volant dans un mortier. Elle est souvent consultée pour des conseils, mais à vos risques et périls.

Maui, le héros polynésien, est connu pour ses exploits incroyables, comme la pêche de l'île du Nord de la Nouvelle-Zélande. Utilisant son hameçon magique, il a remonté cette terre depuis le fond de l'océan, créant ainsi un foyer pour son peuple.

Le Phénix, oiseau mythique, est un symbole de renaissance. À la fin de sa vie, il s'enflamme et renaît de ses cendres, incarnant ainsi les cycles éternels de mort et de renaissance.

Cerbère, le chien à trois têtes, garde les portes des Enfers dans la mythologie grecque. Il empêche les morts de s'échapper et les vivants d'entrer, agissant comme un gardien entre les deux mondes.

Dans le folklore japonais, le Tanuki est un animal rusé, capable de se transformer et de jouer des tours. Il est souvent représenté avec un chapeau de paille et une bouteille de saké, symboles de sa nature joviale.

Janus, le dieu romain des portes et des passages, a deux visages pour regarder à la fois le passé et l'avenir. Il est souvent invoqué au début de nouvelles entreprises pour apporter succès et bonheur.

Les Valkyries, guerrières divines de la mythologie nordique, choisissent les guerriers les plus braves tombés au combat pour les emmener au Valhalla qui se trouve au sein même du royaume des dieux où ils se prépareront pour le Ragnarök.

La licorne, souvent associée à la pureté et à la magie, est une créature mythique qui continue de captiver l'imagination. Dans la légende, seul un être pur de cœur peut approcher une licorne.

Le Temps du Rêve, dans la mythologie aborigène, est une période où des êtres ancestraux ont formé la Terre. Il est considéré comme un temps sacré et est central dans la compréhension du monde pour les peuples aborigènes.

Anubis, le dieu égyptien à tête de chien, joue un rôle crucial dans les rituels funéraires. Il pèse le cœur des défunts contre une plume de Maât pour déterminer leur sort dans l'au-delà.

La chimère est une créature composite de la mythologie grecque, généralement représentée avec un corps de lion, une tête de chèvre et une queue de serpent. Elle est une figure de destruction, crachant du feu et ravageant les terres.

Les sirènes, créatures mi-femmes mi-poissons, sont célèbres pour leur chant envoûtant qui attire les marins à leur perte. Leur légende a été immortalisée dans des récits comme l'Odyssée, où Ulysse résiste à leur appel en se faisant attacher au mât de son navire.

Quetzalcoatl, le serpent à plumes de la mythologie aztèque, est un dieu de la création, du vent et de la connaissance. Il est souvent opposé à Tezcatlipoca, son frère et adversaire, dans les récits mythologiques.

Selon la mythologie irlandaise, les leprechauns sont de petits êtres espiègles qui cachent leur or au pied des arcs-en-ciel. Attraper un leprechaun est une tâche difficile, mais si réussie, il peut accorder trois vœux à son ravisseur.

Héphaïstos, le dieu grec de la forge, est connu pour sa grande habileté artisanale. Bien qu'il soit physiquement handicapé, il crée des objets magnifiques, comme les armures des dieux et des héros.

Pele, la déesse hawaïenne du feu et des volcans, est une figure puissante et imprévisible. Elle est à la fois créatrice et destructrice, façonnant les îles par des éruptions volcaniques tout en menaçant de les détruire.

Les Kappa, créatures aquatiques de la mythologie japonaise, sont à la fois redoutés et respectés. Ils défient les humains dans des duels de lutte et sont connus pour leur amour des concombres.

Dans la mythologie scandinave, les trolls sont des créatures souvent mal comprises. Bien qu'ils soient considérés comme des géants maléfiques dans certaines histoires, ils sont aussi parfois vus comme des êtres solitaires et mélancoliques.

La Manticore, originaire de la mythologie perse, est une créature terrifiante avec le corps d'un lion, une tête humaine et une queue de scorpion. Elle est souvent associée à la mort et à la destruction.

Echidna, la "mère de tous les monstres" dans la mythologie grecque, a donné naissance à de nombreuses créatures redoutables, comme le Sphinx et Cerbère. Elle est souvent décrite comme une créature mi-femme, mi-serpent.

Anansi, l'araignée rusée de la mythologie africaine, est un héros-trickster qui utilise son intelligence pour surmonter des obstacles apparemment insurmontables. Ses histoires sont des leçons de ruse et d'ingéniosité.

Le basilic, un serpent ou un dragon légendaire, a le pouvoir de tuer avec son regard. Il est si venimeux que son souffle et son regard peuvent être mortels, et il ne peut être tué que par son propre reflet ou le chant d'un coq.

Les Moaï de l'Île de Pâques sont des statues de pierre gigantesques qui continuent de fasciner les chercheurs et les touristes. Selon la légende, elles ont été créées pour honorer les ancêtres et les dieux de l'île.

Sedna, la déesse inuite de la mer, est une figure tragique trahie par sa famille. Jetée à la mer par son père, elle devient la maîtresse des créatures marines et une déesse vénérée par les Inuits.

Le Griffon, une créature avec le corps d'un lion et la tête d'un aigle, est un symbole de protection et de majesté. Il apparaît dans diverses cultures et est souvent utilisé comme emblème royal.

La Gargouille, originaire de la mythologie française, est une créature hybride qui crache de l'eau pour éloigner les esprits maléfiques. Les gargouilles sont souvent sculptées sur les cathédrales pour servir de gouttières et pour éloigner le mal.

La vie à l'époque des pharaons

Étonnamment, ce n'étaient pas des esclaves qui construisaient les imposantes pyramides, mais des ouvriers qualifiés et bien rémunérés. Ils avaient même accès à des soins médicaux. La fierté des artisans était telle qu'ils laissaient des graffitis à l'intérieur des pyramides, comme des signatures invisibles, témoignant de leurs vies et de leurs exploits.

En parlant d'exploits, le processus méticuleux de la momification prenait jusqu'à 70 jours. Un crochet spécial était inséré par le nez pour retirer le cerveau, un détail qui pourrait rendre même le plus courageux d'entre nous un peu mal à l'aise.

Et saviez-vous que Cléopâtre, la célèbre pharaonne, n'était pas d'origine égyptienne ? Cette femme de pouvoir venait de Grèce, mais elle a gouverné l'Égypte avec une passion et un zèle qui la rendent inoubliable.

La prochaine fois que vous couperez un oignon, pensez à sa signification pour les anciens Égyptiens : ils voyaient en ses anneaux concentriques l'éternité elle-même.

Dans un autre registre, la simple action de tuer un chat, même par accident, pouvait vous conduire à la peine de mort. Les chats étaient sacrés, et certains étaient même momifiés pour les accompagner dans l'au-delà.

Les pharaons, ces dirigeants presque divins, avaient une dent sucrée. On a retrouvé du miel dans leurs tombes, un doux présent pour les dieux et un moyen de préserver leur corps pour l'éternité.

Ils étaient également férus de beauté et de soins, utilisant du Kohl une poudre minérale pour accentuer leurs yeux, un geste qu'ils croyaient protecteur contre les maladies.

Le Nil, cette veine d'eau qui traverse l'Égypte, était plus qu'une simple source d'irrigation. Il servait également de voie commerciale cruciale.
Et parlant de voies, c'est la pierre de Rosette qui a ouvert la voie à la compréhension des hiéroglyphes égyptiens, ce mystérieux système d'écriture qui a longtemps échappé au déchiffrement.

Vous seriez étonné de savoir que la bière faisait partie de la diète quotidienne des Égyptiens. Bien différente de la bière moderne, elle était épaisse, un peu grumeleuse, et souvent sirotée à l'aide d'une paille.

Dans la vie après la mort, des figurines en argile appelées "oushebtis" accompagnaient les pharaons. Ils croyaient que ces petites statues les aideraient dans leurs tâches dans l'au-delà

Le cœur était pour eux le siège de l'âme et des émotions. Il était si important qu'il restait dans le corps même après la momification.

Les hiéroglyphes, ces écrits complexes, pouvaient être tracés dans tous les sens : horizontalement, verticalement, de droite à gauche ou de gauche à droite.

Si vous étiez impressionné par le colosse de Ramsès II à Memphis, sachez qu'il mesure plus de 10 mètres de haut, une prouesse en pierre qui défie l'imagination. Les "pilliers djed", ces symboles de stabilité, sont censés représenter la colonne vertébrale d'Osiris, le dieu de l'au-delà.

Le papyrus, cette plante humble mais robuste, était utilisé pour créer du papier. Un martelage et un tressage soigneux transformaient ses fibres en une surface d'écriture. Les écoles étaient souvent liées aux temples, où les prêtres étaient les éducateurs.

Dans l'Égypte ancienne, il y avait un jeu très populaire appelé "senet". C'était un peu comme un mélange de nos jeux d'échecs et de ludo aujourd'hui. Les pharaons et les gens très importants aimaient y jouer. Pour gagner au senet, il fallait être malin et réfléchir à ses coups, comme aux échecs, mais il fallait aussi avoir un peu de chance, comme quand on lance les dés au ludo. C'était un jeu très apprécié il y a très, très longtemps !

Le monde de l'Égypte ancienne est un livre ouvert de curiosités et de merveilles, un témoignage à la complexité et à la grandeur de la civilisation humaine. De la médecine avancée à la métaphysique, des chaussures en papyrus aux lampes à huile en forme d'animaux, chaque fragment de leur vie nous attire dans un vortex de fascination.

Les amulettes en forme de scarabée étaient très populaires et symbolisaient la renaissance et la protection. Ces petits objets étaient souvent portés autour du cou ou incrustés dans des bijoux, un signe constant de la présence divine dans la vie quotidienne.

Au sujet de la vie quotidienne, les Égyptiens utilisaient des lampes à huile pour éclairer leurs demeures une fois le soleil couché. Ces lampes étaient souvent façonnées à l'image d'animaux ou de divinités, chaque détail étant un hommage à leur environnement naturel ou spirituel.

La vie conjugale des pharaons était tout aussi fascinante. Bien qu'ils aient eu plusieurs épouses, il y avait toujours une reine principale. Cette femme avait un rôle spécial à jouer, non seulement dans la cour royale mais aussi dans les rituels religieux. Elle était souvent considérée comme la représentante terrestre de la déesse Isis.

Le lotus, cette sublime fleur, était un symbole puissant de pureté et de création. Son image est omniprésente dans l'art égyptien, des fresques murales aux bijoux. Son éclatante blancheur évoque un sens de la divinité et de l'éternité.

Le pain en Égypte n'était pas le type moelleux que nous connaissons aujourd'hui. Il était souvent fabriqué avec des grains entiers et même des petits cailloux, ce qui avait tendance à user prématurément les dents des Égyptiens. Une petite consolation, peut-être, pour les dentistes de l'époque qui avaient déjà un bon niveau de compétence.

La médecine en Égypte était étonnamment avancée. Des textes ont survécu, détaillant des procédures chirurgicales, des remèdes pharmacologiques et même des pratiques dentaires. C'est un domaine où les anciens Égyptiens ont sans doute été des pionniers.

Thèbes, la "ville aux cent portes", était une des cités les plus importantes. Elle était souvent le centre des intrigues politiques et religieuses, et sa richesse architecturale en fait un sujet d'étude fascinant pour les égyptologues d'aujourd'hui.

Le miroir était un objet de luxe, souvent fabriqué en bronze poli. Il n'était pas seulement un outil de vanité, mais aussi un symbole de la lumière du soleil, reflétant la beauté et la divinité.

L'encens jouait un rôle crucial dans les rituels égyptiens. Il était brûlé en offrande aux dieux et servait à purifier les temples. Sa fumée montante était considérée comme le souffle même des divinités, une passerelle entre le ciel et la terre.

Le Sphinx de Gizeh, cette statue énigmatique, est souvent associé au pharaon Khéphren, bien que des controverses subsistent. Ce monument, mi-homme, mi-lion, garde ses secrets avec une résistance déconcertante.

Se raser la tête était une pratique courante pour éviter les infestations de poux. Les perruques, souvent luxueuses et bien confectionnées, étaient portées comme signe de statut social.

La couleur bleue, si souvent présente dans l'art et les bijoux égyptiens, était sacrée. Elle évoquait le ciel, le domaine des dieux, et symbolisait la sagesse et la divinité. C'était plus qu'une simple couleur; c'était l'emblème d'un monde au-delà du nôtre.

Alors, que pensez-vous de ces nouvelles révélations ? Sont-elles surprenantes, édifiantes, ou peut-être même les deux ? Chaque fait, chaque détail, nous attire plus profondément dans la complexité de la civilisation égyptienne, un voyage à travers le temps qui émerveille et inspire.

Mystères non résolus

Le Triangle des Bermudes, cet espace maritime flanqué entre Miami, Porto Rico et les Bermudes, est une zone d'inquiétante réputation. Les avions et les navires qui y disparaissent sans laisser de traces sont devenus les protagonistes d'un drame invisible. Alors que certains évoquent des anomalies magnétiques, d'autres penchent pour des phénomènes météorologiques particuliers. Quoi qu'il en soit, le mystère reste entier.

Passons des eaux mystérieuses de l'Atlantique aux profondeurs du Loch Ness en Écosse, où le monstre surnommé "Nessie" continue d'échapper aux investigations scientifiques. L'existence de cette créature est un mystère qui alimente les légendes et fascine les chercheurs. Les eaux sombres du lac semblent garder jalousement leur secret.

Dans les champs de blé, d'étranges motifs apparaissent parfois du jour au lendemain. Ces cercles de culture, ou "crop circles", sont des oeuvres d'art éphémères dont l'origine reste un puzzle. Tandis que certains y voient la main de farceurs talentueux, d'autres suggèrent des explications plus ésotériques.

La disparition de l'avion Malaysia Airlines MH370 en 2014 est un casse-tête moderne qui n'a pas encore trouvé de solution. Malgré des recherches intensives et des millions de dollars dépensés, l'avion et ses passagers demeurent introuvables. C'est un mystère qui a captivé le monde entier, et qui, à ce jour, défie toute explication rationnelle.

La Zone 51, cette base militaire isolée dans le désert du Nevada, est le sujet de nombreuses théories du complot. Des activités extraterrestres aux expériences secrètes, les spéculations sont aussi nombreuses que les barrières de sécurité qui entourent la base. Le gouvernement américain a beau démentir, le mystère ne fait que s'épaissir.

Vous avez déjà entendu parler des statues géantes de l'Île de Pâques, ces Moaï qui posent plus de questions qu'ils n'offrent de réponses ? Comment une civilisation isolée a-t-elle pu créer ces monolithes colossaux sans l'aide de technologies modernes? Le mystère est loin d'être résolu, et les statues demeurent les silencieux gardiens de secrets ancestraux.

La cité perdue d'Atlantide, ce mythe immortel, a été décrit pour la première fois par le philosophe Platon. Depuis lors, la localisation de cette cité légendaire a donné lieu à de nombreuses spéculations. Est-elle une création purement mythologique, ou bien une cité engloutie qui attend encore d'être découverte? Les débats sont loin d'être clos.

La Dame d'Elche, cette statue énigmatique découverte en Espagne, est un mystère archéologique. Son origine et sa signification sont des sujets de débat académique. Est-elle une divinité, une grande reine, ou bien un symbole d'une culture oubliée? Les chercheurs sont divisés, et la Dame demeure silencieuse.

Le Mary Celeste, ce navire trouvé dérivant en 1872 sans un seul membre d'équipage à bord, est un autre mystère maritime. Le vaisseau était en parfait état, et la cargaison intacte. Où était donc passé l'équipage? Les théories vont bon train, mais la vérité reste insaisissable.

Les lignes de Nazca au Pérou sont une autre énigme qui n'a pas encore livré tous ses secrets. Ces géoglyphes massifs, visibles uniquement depuis les cieux, ont intrigué les chercheurs pendant des générations. Quel était le but de ces dessins monumentaux, et comment ont-ils été créés avec une telle précision ? Les réponses à ces questions restent aussi insaisissables que les figures elles-mêmes.

Passons du sol péruvien à l'univers cryptique du manuscrit de Voynich. Ce livre mystérieux, écrit dans un langage indéchiffrable, est un casse-tête pour les cryptographes et les linguistes. Malgré de nombreuses tentatives de décodage, le manuscrit garde jalousement son mystère. Ce grimoire, qui semble tout droit sorti d'un conte fantastique, est une énigme en soi.

L'histoire de l'aviation a aussi son lot de mystères, comme la disparition de la légendaire aviatrice Amelia Earhart. En 1937, elle entreprend un voyage autour du monde et disparaît sans laisser de traces. Malgré d'innombrables théories, son sort demeure un mystère non résolu. L'héroïsme d'Amelia et l'énigme de sa disparition continuent de fasciner.

Stonehenge en Angleterre est un autre mystère archéologique qui suscite la curiosité et l'émerveillement. Ce monument préhistorique, constitué de mégalithes massifs, est un véritable puzzle pour les chercheurs. Comment ces pierres gigantesques ont-elles été transportées et assemblées ? Et à quoi servait ce lieu ? Le mystère perdure, enveloppé dans le brouillard de la lande anglaise.

Au Vietnam, la tour de Hanoï est entourée de légendes et de mythes. Certains la considèrent comme un objet magique, tandis que d'autres y voient un site lié à d'anciens rituels. Cet édifice mystérieux, qui semble être une porte vers l'inconnu, attire l'attention des curieux et des chercheurs.

Le cas de l'homme de Tamam Shud en Australie est tout aussi troublant. Ce mystère, qui concerne un individu non identifié retrouvé mort sur une plage, reste irrésolu. Un fragment de papier trouvé sur lui portait les mots "Tamam Shud", ajoutant une couche supplémentaire à cette énigm. Qui était cet homme, et quelle est l'histoire derrière ces mots mystérieux ?

Le village de Roanoke aux États-Unis est un autre mystère qui brouille la frontière entre l'histoire et la légende. En 1590, tous ses habitants disparurent sans laisser de traces, à l'exception du mot "CROATOAN" gravé sur un arbre. Ce mot est la seule piste dans ce puzzle troublant, et l'histoire du village reste une énigme non résolue.

La recherche du trésor de l'île Oak au Canada est une quête qui a duré des siècles. Nombreux sont ceux qui l'ont fouillé en quête de richesses, mais le trésor reste insaisissable. Est-ce une légende, ou y a-t-il réellement un trésor caché quelque part dans les profondeurs de cette île ?

Inventions accidentelles

Le nitrate d'argent, utilisé dans la photographie moderne, doit sa découverte à l'alchimiste Albert le Grand. En tentant de transmuter des métaux en or, il est tombé sur cette substance réactive à la lumière.

La technique du batik en Indonésie, où l'on utilise de la cire pour créer des motifs sur du tissu, a vu le jour lorsqu'un artisan a renversé de la cire sur un tissu. En le teignant, il a remarqué que la cire empêchait la teinture de pénétrer, créant ainsi un motif unique.

La pénicilline, souvent citée comme une découverte accidentelle, a ouvert la voie à toute une classe d'antibiotiques. Son découvreur, Alexander Fleming, n'aurait jamais imaginé que son champignon du genre Penicillium aurait un tel impact sur la médecine moderne.

Le Frisbee a été créé à partir d'une simple assiette en plastique. Des étudiants qui s'ennuyaient ont commencé à se lancer l'assiette, réalisant qu'elle volait de manière stable. Le reste, comme on dit, appartient à l'histoire.

La craie de tailleur, cet outil indispensable pour les couturiers, a été inventée lorsque l'on a remarqué que les restes de craie de construction marquaient très bien le tissu et pouvaient être facilement enlevés.

Le détecteur de fumée, si courant aujourd'hui, a été accidentellement inventé par un ingénieur qui travaillait sur un projet tout à fait différent. En remarquant comment la fumée de sa cigarette interférait avec ses expériences, il a réalisé le potentiel de cette découverte.

Les feux d'artifice, bien qu'initialement utilisés à des fins militaires en Chine, ont été découverts lorsque des chimistes ont accidentellement mélangé du salpêtre, du soufre et du charbon de bois, créant une poudre explosive.

La technique du verre soufflé, qui a révolutionné la fabrication du verre, a été découverte quand un artisan a accidentellement laissé tomber un tube de métal chaud dans un pot de verre fondu. En tentant de le récupérer en soufflant dans le tube, il a créé une bulle de verre.

La découverte de l'électricité statique remonte à l'Antiquité, lorsque des Grecs ont frotté de l'ambre contre de la laine et ont remarqué qu'il attirait des objets légers. Ce simple acte a jeté les bases de notre compréhension de l'électricité.

Le Velox, un papier photographique développé par Léo Baekeland, a été créé en cherchant un moyen de rendre le papier insensible à la lumière. Au lieu de cela, il a découvert un papier qui était extrêmement sensible à la lumière, ce qui était parfait pour le développement rapide de photographies.

L'invention du pacemaker cardiaque est un autre exemple frappant d'invention accidentelle. À l'origine, l'ingénieur Wilson Greatbatch travaillait sur un appareil pour enregistrer les battements cardiaques. Après avoir inséré par erreur une résistance de la mauvaise taille dans son dispositif, il s'est rendu compte que l'appareil émettait un rythme qui imitait parfaitement le battement d'un cœur humain.

Le "Gore-Tex", ce matériau imperméable et respirant que nous connaissons tous, a été découvert lorsque Wilbert L. Gore et son fils Robert étaient en train d'expérimenter avec du polytétrafluoroéthylène étiré. Le résultat fut un matériau qui pouvait repousser l'eau tout en permettant à l'air de passer, une aubaine pour les vêtements de plein air.

Le klaxon des voitures, maintenant un élément standard de la sécurité routière, a été inventé par accident. Un ingénieur travaillant sur les premières automobiles a découvert que le bruit strident produit par le tuyau d'échappement pouvait être utilisé pour avertir les passants et les autres véhicules.

La roue de hamster, ce jouet emblématique pour nos amis rongeurs, est le résultat d'une observation fortuite. Un inventeur a remarqué que son hamster aimait courir dans un petit tunnel. En ajoutant une courbure à ce tunnel, il a créé la première roue de hamster.

La mélodie de la célèbre chanson "Yesterday" des Beatles est venue à Paul McCartney dans un rêve. Il s'est réveillé en ayant la mélodie en tête et a rapidement enregistré une maquette pour ne pas l'oublier. Ce morceau est devenu l'une des chansons les plus reprises de l'histoire.

L'origine du micro-ondes vient d'un accident impliquant du chocolat. L'ingénieur Percy Spencer travaillait sur des radars pendant la Seconde Guerre mondiale, quand il a remarqué que la barre de chocolat dans sa poche avait fondu. Intrigué, il a expérimenté davantage et a abouti à l'invention du four à micro-ondes.

Le principe de la sérothérapie a été découvert lorsque Albert Calmette et Camille Guérin ont inoculé accidentellement un assistant de laboratoire avec du venin de serpent. Pour contrer les effets, ils lui ont injecté le sérum d'un animal immunisé, sauvant ainsi sa vie.

Roy Plunkett travaillait sur des gaz frigorigènes quand il a découvert une substance blanche et glissante qui résistait à la chaleur et aux produits chimiques. C'est comme ça que le Téflon a été découvert.

James Schlatter cherchait à créer un médicament pour les ulcères d'estomac quand il a découvert par accident un goût sucré sur ses doigts. C'était de l'aspartame, un édulcorant.

Wilhelm Röntgen faisait des expériences avec des tubes cathodiques quand il a découvert par accident une sorte de rayon capable de traverser les objets solides. C'est ainsi que les rayons X ont été découverts.

George Crum, un chef, a créé les chips par accident. Un client se plaignait que ses pommes de terre étaient trop épaisses et pas assez croustillantes. En essayant de lui faire plaisir, Crum a coupé les pommes de terre très finement, les a frites et les a salées. Le client a adoré, et c'est ainsi que les chips sont nées.

Charles Goodyear essayait de rendre le caoutchouc plus durable quand il a accidentellement mélangé du soufre avec du caoutchouc naturel et l'a chauffé. C'est ainsi que la vulcanisation du caoutchouc a été découverte.

John Stith Pemberton, un pharmacien américain, souffrait de douleurs à la suite de blessures de guerre et cherchait à créer un remède pour soulager son inconfort. Son expérience avec des extraits de coca et de noix de kola l'a conduit à élaborer une boisson tonique. Cette boisson, destinée initialement à soulager ses douleurs, est devenue la célèbre boisson gazeuse Coca-Cola.

Chez 3M, Spencer Silver cherchait à créer une super colle, mais il a fini par créer une colle qui collait mais qui pouvait aussi être enlevée facilement. Son collègue Art Fry a utilisé cette colle pour créer les Post-it Notes.

Mode à travers les âges

Les vêtements de sport, autrefois réservés à l'activité physique, ont fait leur entrée dans la mode quotidienne au cours des dernières décennies. Le "athleisure", mélange de vêtements de sport et de loisirs, est devenu un style à part entière, popularisé par des célébrités comme Rihanna et Kanye West.

Les robes de bal du XIXe siècle étaient souvent dotées de crinolines, ces grandes cages en acier portées sous la jupe pour lui donner du volume. Elles étaient le summum de l'élégance, mais aussi très encombrantes et inconfortables.

Dans les années 2000, les tongs sont passées de simples chaussures de plage à un accessoire de mode, portées même en ville. Si elles étaient initialement destinées à protéger les pieds du sable chaud, elles sont aujourd'hui un choix de style.

Le chapeau melon, rendu célèbre par des personnages comme Charlie Chaplin, était à l'origine un chapeau rigide conçu pour protéger la tête des cavaliers. Avec le temps, il est devenu un symbole d'élégance britannique.

Les années 80 ont vu l'ascension du look "preppy", inspiré des tenues des étudiants des universités de la Ivy League. Les polos, les cardigans et les mocassins étaient les pièces maîtresses de ce style.

Au Moyen Âge, les hommes et les femmes portaient des "chausses", des bas qui étaient attachés à une ceinture. Ce n'est qu'au XVIe siècle que le concept de "pantalon" a émergé, rendant les chausses obsolètes.

Les tatouages, qui ont une longue histoire en tant que formes d'expression culturelle, ont été adoptés par la mode occidentale au XXe siècle. D'abord associés aux marins et aux motards, ils sont maintenant un choix de style populaire pour toutes sortes de personnes.

Au XVIIIe siècle, les vêtements pour enfants étaient souvent des répliques miniatures des vêtements pour adultes. Ce n'est qu'au XIXe siècle que le concept de "vêtements pour enfants" a vraiment pris son envol, avec des tenues plus pratiques et confortables.

Dans les années 90, les vêtements "unisexes" ont gagné en popularité. Inspiré par le mouvement grunge, ce style mettait l'accent sur le confort et la fonctionnalité plutôt que sur la distinction entre les genres.

La "petite robe noire", popularisée par Coco Chanel dans les années 1920, est devenue une pièce incontournable de la garde-robe féminine. Sa simplicité et son élégance en font un choix polyvalent pour de nombreuses occasions.

Les jupes-culottes, qui sont un croisement entre une jupe et un pantalon, ont été une véritable révolution dans la garde-robe féminine. Originellement conçues pour donner aux femmes plus de liberté de mouvement, elles sont devenues une option de style audacieuse et polyvalente.

La mode des "sneakers de luxe" a pris d'assaut le monde de la haute couture. Autrefois cantonnées aux terrains de sport, les baskets se sont métamorphosées en objets de désir griffés par des marques prestigieuses comme Gucci ou Louis Vuitton.

Les tenues de maternité ont subi une transformation radicale au fil des décennies. Autrefois, les femmes enceintes étaient censées porter des vêtements amples et peu flatteurs. Aujourd'hui, la mode de maternité est conçue pour mettre en valeur la silhouette, tout en offrant confort et fonctionnalité.

La mode punk, née dans les années 70, était plus qu'une simple tendance vestimentaire. Avec ses épingles à nourrice, ses crêtes et ses cuirs cloutés, elle incarnait une véritable attitude de rébellion contre le système.

Les salopettes, initialement conçues comme un vêtement de travail utilitaire, ont trouvé leur place dans la mode grand public. Elles sont devenues populaires dans les années 90 et ont fait un retour en force récemment, portées même par des célébrités.

La montée du mouvement zéro déchet a également influencé la mode. Des vêtements fabriqués à partir de matériaux recyclés ou des marques prônant la durabilité sont de plus en plus populaires, reflétant une prise de conscience écologique.

L'écharpe Pashmina, d'origine cachemirienne, a transcendé ses racines culturelles pour devenir un accessoire de mode mondial. Elle est appréciée pour sa douceur et sa polyvalence, pouvant être portée de différentes manières.

Au XIXe siècle, le port du chapeau était quasiment obligatoire en public. Que ce soit le haut-de-forme pour les hommes ou le bonnet pour les femmes, le chapeau était considéré comme un signe de respectabilité.

Les années 2000 ont vu l'émergence du "fast fashion", une approche de la mode qui mise sur la production rapide et peu coûteuse pour répondre aux dernières tendances. Bien que controversée pour ses implications éthiques et environnementales, cette approche a transformé l'industrie de la mode.

Les boutons, que nous considérons comme un élément standard sur les vêtements, étaient autrefois un luxe. Au Moyen Âge, seuls les plus riches pouvaient se permettre des vêtements avec des boutons, qui étaient souvent faits de matériaux précieux comme l'ivoire ou la nacre.

Les étoiles et constellations

Les constellations sont de véritables fresques célestes, récits étoilés qui marquent le passage du temps et des saisons. Elles sont les témoins silencieux des mythes et légendes qui ont façonné notre compréhension du monde.

Ursa Minor, ou la Petite Ourse, est souvent négligée au profit de sa grande sœur, la Grande Ourse. Pourtant, elle abrite l'étoile Polaire, qui a guidé les navigateurs et les explorateurs pendant des siècles. Dans la mythologie, elle représente Arcas, le fils de la nymphe Callisto, transformée en ourse par Zeus.

Draco, le Dragon, serpente dans le ciel nocturne près de la Petite et de la Grande Ourse. Selon une légende, c'est le dragon tué par Cadmos, le fondateur de Thèbes. Une autre histoire le relie à Ladon, le dragon qui gardait les pommes d'or dans le jardin des Hespérides.

Virgo, ou la Vierge, est l'une des plus grandes constellations du zodiaque. Elle est souvent associée à Déméter, la déesse grecque de l'agriculture, ou à Astrée, la déesse de la Justice. Son étoile la plus brillante, Spica, a été utilisée en navigation et en agriculture pour marquer le début des saisons de plantation.

Taurus, le Taureau, est une constellation dominante dans le ciel d'hiver. Il représente le taureau sous la forme duquel Zeus a enlevé Europe. L'étoile Aldébaran, l'œil du taureau, est l'une des étoiles les plus brillantes de la nuit.

Aries, le Bélier, est lié à l'histoire du Bélier d'or qui a sauvé Phrixos et Hellé. Dans le zodiaque, il marque le début du printemps et un renouveau annuel.

Sagittarius, le Sagittaire, est souvent représenté comme un centaure tenant un arc et une flèche. Il est parfois associé à Chiron, bien que ce dernier soit généralement identifié à la constellation du Centaure.

Ophiuchus, le porteur de serpent, est une constellation souvent oubliée car elle ne fait pas partie du zodiaque traditionnel. Pourtant, elle est liée à Asclépios, le dieu grec de la médecine, qui a appris les secrets de la vie et de la mort en observant un serpent.

Hercules, bien que moins brillant que d'autres groupes d'étoiles, est néanmoins significatif. Il est le héros de plusieurs mythes et légendes, et son nom est éternisé dans le ciel pour ses nombreux exploits.

Aquila, l'Aigle, est associée à l'oiseau qui a été envoyé par Zeus pour récupérer le foie de Prométhée. Son étoile principale, Altaïr, forme avec Véga et Deneb, un astérisme estival connu sous le nom de Triangle d'été.

Orion, le Chasseur, est l'une des constellations les plus reconnaissables, avec sa ceinture de trois étoiles brillantes. Associée au héros grec Orion, elle est également présente dans d'autres mythologies, comme celle de l'Égypte ancienne où elle était liée à Osiris, le dieu de l'au-delà.

Cassiopeia, la Reine, est facilement identifiable par sa forme de "W" ou de "M", selon son orientation dans le ciel. Dans la mythologie grecque, Cassiopée était la reine vaniteuse d'Éthiopie qui a déclenché la colère de Poséidon. Aujourd'hui, elle sert de repère pour les astronomes et les amateurs de ciel étoilé.

Andromeda, la Princesse, est associée à la fille de Cassiopeia et Céphée, sauvée du monstre marin Cétus par Persée. La galaxie d'Andromède, notre voisine, tire son nom de cette constellation et nous rappelle l'immensité de l'univers.

Cygnus, le Cygne, est également connu sous le nom de la Croix du Nord. Il est associé à plusieurs légendes, dont celle de Zeus se transformant en cygne ou celle de Phaéton, le fils du dieu Soleil, qui a été transformé en cygne pour échapper à la fureur de Zeus.

Scorpius, le Scorpion, est le protagoniste d'une des histoires les plus célèbres de la mythologie grecque. Envoyé par Gaïa ou Artémis selon les versions, il pique et tue Orion pour mettre fin à sa furie destructrice sur les animaux. Après leur mort, les deux adversaires sont placés aux côtés opposés du ciel pour éviter d'autres conflits.

Lynx est une constellation moins connue, créée par Johannes Hevelius au 17e siècle. Le nom vient du fait que selon Hevelius, il faudrait avoir les yeux d'un lynx pour voir ses étoiles faiblement lumineuses.

Le chien de chasse, Canes Venatici, était autrefois considéré comme faisant partie de la Grande Ourse. Créée également par Johannes Hevelius, elle est souvent associée aux chiens de chasse d'Artémis ou de Diane dans la mythologie romaine.

Rois et reines célèbres

Saviez-vous que Louis XIV, surnommé le "Roi Soleil", a régné sur la France pendant une incroyable durée de 72 ans ? Imaginez un peu, c'est comme si on avait le même président ou la même présidente depuis que vos grands-parents étaient enfants ! Et il n'était pas juste un roi, il était le centre de tout, un peu comme le soleil au milieu de notre système solaire. D'ailleurs, il a fait construire un château gigantesque, le château de Versailles, où tout le monde devait le suivre.

Et puis, il y avait Elizabeth II, la reine d'Angleterre. Elle était comme une super mamie pour tout le Royaume-Uni. Elle a vu passer tellement de choses, des modes musicales aux différents présidents et premiers ministres. Même si elle n'est plus de ce monde, son héritage demeure, solide comme un roc.

Passons à un roi un peu plus... disons, compliqué. Henri VIII. Ce gars-là avait un sérieux problème avec le mariage. Il s'est marié six fois parce qu'il voulait absolument un fils pour être roi après lui. Il a même créé sa propre Église pour pouvoir divorcer quand il le voulait. Parlez d'un drame !

Ah, et il ne faut pas oublier Catherine la Grande. Elle était impératrice de Russie et elle a fait tellement de choses pour son pays. C'était un peu comme la super-héroïne de la Russie de son époque, sauf qu'elle n'avait pas de cape ni de super-pouvoirs, mais beaucoup d'intelligence et de courage.

Est-ce que vous aimez les histoires de l'Égypte antique ? Alors, vous allez adorer Néfertiti. Elle était tellement belle que même aujourd'hui, des milliers d'années plus tard, les gens sont encore fascinés par son visage. Elle et son mari ont même essayé de changer toutes les croyances de leur pays !

Philippe II d'Espagne avait un empire tellement grand qu'on disait que "le soleil ne se couchait jamais" dessus. Imaginez avoir un jardin si grand que vous n'arrivez jamais à en voir le bout !

Vous avez peut-être entendu parler de la reine Victoria ? C'était l'arrière-arrière-grand-mère de la reine Elizabeth II. Elle a eu une époque à elle, l'époque victorienne, et son empire était le plus grand jamais construit. Elle aimait tellement son mari Albert qu'après sa mort, elle a passé le reste de sa vie en noir pour le pleurer.

Charlemagne, quel nom impressionnant, n'est-ce pas ? Il était si fort et intelligent qu'il a réussi à rassembler presque toute l'Europe. C'est un peu comme si quelqu'un réussissait à assembler un puzzle géant tout seul.

Cléopâtre, la dernière reine d'Égypte, était plus qu'une belle femme. Elle était intelligente et courageuse. Elle aimait tellement son pays qu'elle a tout fait pour le sauver, même si cela signifiait devoir séduire des empereurs romains.

Richard Cœur de Lion, le roi croisé, était tellement courageux qu'il est devenu une légende. Vous savez, Robin des Bois ? Eh bien, il était censé être l'un des amis de Richard.

Elizabeth I, la fille d'Henri VIII, était un peu comme la star du rock de son époque. Elle a régné sur ce qu'on appelle l'Âge d'Or en Angleterre. C'est pendant son règne que des gars comme Shakespeare écrivaient des pièces que même nous, aujourd'hui, on étudie à l'école. Et devinez quoi ? Elle a même réussi à faire échouer une énorme flotte de navires espagnols qui voulaient envahir son pays !

Ensuite, il y a Akhenaton, un pharaon égyptien qui a décidé de changer toutes les règles. Il a dit : "Stop ! On va adorer un seul dieu maintenant." C'était super risqué, et tout le monde n'était pas d'accord, mais il a quand même essayé. Et il était le papa de Toutankhamon, vous savez, le pharaon à la momie super célèbre ?

Louis XVI et Marie-Antoinette, ah là là, quelle histoire triste ! Ils étaient les derniers rois de France avant que tout ne s'effondre pendant la Révolution française. Ils vivaient dans le luxe, alors que les gens normaux avaient à peine de quoi manger. Ça n'a pas très bien fini pour eux, mais leur histoire nous montre ce qui peut arriver quand les dirigeants oublient les gens qu'ils sont censés aider.

La reine de Saba, connue pour son intelligence, a voyagé jusqu'à Jérusalem pour tester la sagesse du roi Salomon avec des énigmes et des questions complexes. Impressionnée par la clairvoyance de Salomon, qui a su répondre à toutes ses interrogations, elle a formé une alliance avec lui. Cette rencontre est devenue légendaire, symbolisant un échange culturel et intellectuel entre leurs royaumes.

Edouard le Confesseur, un des derniers rois anglo-saxons, a fait construire une église super célèbre, l'abbaye de Westminster. Vous savez, c'est là où tous les rois et les reines d'Angleterre sont couronnés depuis.

Isabelle I d'Espagne, elle, a fait quelque chose d'énorme. Elle a réussi à chasser les Maures d'Espagne et à unir le pays. Et elle a même payé pour le voyage de Christophe Colomb, qui a découvert l'Amérique. Sans elle, qui sait comment les choses se seraient passées ?

Charles I d'Angleterre, lui, a eu tellement de disputes avec ses conseillers qu'ils ont fini par faire une guerre civile. Et il a perdu. C'est triste, mais ça nous montre à quel point il est important de bien s'entendre avec les autres quand on est un leader.

Anne de Bretagne était tellement populaire qu'elle a été reine de France deux fois ! D'abord avec Charles VIII, puis avec Louis XII. Grâce à elle, la Bretagne est devenue une partie de la France.

Soliman le Magnifique était vraiment… magnifique ! Il était le sultan de l'Empire ottoman et il a conquis plein de territoires. Mais il n'était pas qu'un guerrier, il aimait aussi les arts et la poésie.

Et enfin, Ramsès II, un pharaon qui a régné pendant 66 ans ! Il a construit des monuments gigantesques et certains disent même qu'il a rencontré Moïse, celui qui a séparé la mer Rouge en deux.

Les merveilles du monde

Allons faire un tour du monde pour découvrir quelques-unes des constructions les plus incroyables qui ont été faites par des gens comme vous et moi, mais il y a très, très longtemps !
Allez, mettez votre casque imaginaire de voyage dans le temps et l'espace, et c'est parti !

Revenons en Égypte. Savez-vous que la Pyramide de Khéops est si grande qu'elle couvrirait plus de cinq terrains de football mis bout à bout ? Et le plus fou, c'est qu'elle a été construite sans l'aide de machines modernes ! Des milliers d'ouvriers ont utilisé des outils simples et beaucoup de muscle pour déplacer ces énormes blocs de pierre.

Ensuite, pour les Jardins suspendus de Babylone, il semblerait qu'ils aient été construits à plusieurs niveaux, comme un gâteau d'anniversaire géant de plantes et de fleurs ! Ils étaient peut-être même arrosés grâce à une technique ingénieuse qui ramenait l'eau du fleuve tout proche.

Pour la statue de Zeus en Grèce, elle était si grande et impressionnante que ceux qui la voyaient se sentaient tout petits en comparaison. Le sculpteur Phidias a utilisé de l'or et de l'ivoire pour la décorer. Imaginez un peu, un dieu géant tout brillant qui vous accueille !

À Éphèse, le Temple d'Artémis était si fabuleux que les gens venaient de loin pour l'admirer. Le temple avait 127 colonnes, chacune haute de 18 mètres ! Ça, c'est presque aussi haut que six girafes empilées les unes sur les autres !

À Petra en Jordanie, la cité a été taillée dans une roche rose. Imaginez des artisans en train de sculpter des châteaux et des temples directement dans la pierre ! Et tout cela dans un canyon au milieu du désert !

Pour les Chutes d'Iguazu, elles sont si grandes qu'elles pourraient remplir près de 500 000 piscines en une seule journée ! C'est comme si l'eau dansait et sautait de rocher en rocher, créant un spectacle naturel incroyable.

Le Machu Picchu, situé dans les montagnes andines du Pérou à une altitude vertigineuse de près de 2 430 mètres. Imaginez-vous en train de grimper une montagne et de trouver une ville entière en haut, avec des temples, des fontaines et même une ferme !

Le Taj Mahal en Inde n'est pas juste une jolie bâtisse. C'est un monument à l'amour ! L'empereur Shah Jahan l'a fait construire en l'honneur de son épouse bien-aimée. Le marbre blanc est si pur qu'il semble changer de couleur selon la lumière du jour. Le matin, il peut être rose et le soir, doré !

La Baie d'Hạ Long au Vietnam est comme un paysage de carte postale mais en vrai. Imaginez-vous en bateau, naviguant entre des milliers d'îles et d'îlots rocheux qui surgissent de l'eau comme des dragons endormis. C'est un rêve pour les aventuriers en herbe!

Le Colisée à Rome en Italie est plus qu'un simple stade. C'était le théâtre de combats de gladiateurs, d'affrontements navals et même de batailles avec de vrais animaux sauvages ! Ce lieu pouvait accueillir 50 000 personnes, c'est comme un stade de foot, mais pour des combats de l'époque romaine !

Chichén Itzá au Mexique est célèbre pour sa grande pyramide. Mais ce n'est pas tout ! Il y a aussi un terrain de jeu pour un sport ancien qui ressemblait un peu au basket, sauf que si vous perdiez, les conséquences pouvaient être vraiment graves. On pense même que les joueurs risquaient leur vie !

La Cité du Ciel à Téotihuacan est fascinante. Imaginez une ville ancienne avec des pyramides aussi hautes que des immeubles de 20 étages ! Les gens qui vivaient-là étaient si avancés qu'ils avaient même des systèmes d'égouts.

La Statue de la Liberté à New York est un vrai symbole de la liberté et de l'accueil. Elle mesure près de 46 mètres de la base à la pointe de la torche. Et saviez-vous qu'elle a été envoyée par bateau depuis la France en 350 morceaux ? C'est comme un gigantesque jeu de construction !

Le Canal de Panama est une prouesse d'ingénierie. Il a fallu 10 ans et plus de 75 000 ouvriers pour le construire. Grâce à ce canal, les bateaux n'ont plus à faire le grand détour autour de l'Amérique du Sud, ce qui est une sacrée économie de temps !

Les pirates et leurs trésors cachés

Barbe Noire, dont le vrai nom était Edward Teach, était un pirate terrifiant. Il attachait des mèches allumées à sa barbe pour sembler encore plus effrayant. Imaginez-vous voir ce pirate avec des flammes dans sa barbe débarquer sur votre navire !

Le trésor de La Buse est l'un des plus grands mystères de la piraterie. Ce trésor n'a jamais été retrouvé, mais certains disent qu'il contiendrait des montagnes d'or et de pierres précieuses. Un vrai trésor digne d'un film d'aventure !

Anne Bonny et Mary Read étaient deux femmes pirates redoutables. Elles n'étaient pas seulement courageuses, elles étaient aussi très douées à l'épée. Elles prouvent que la piraterie n'était pas qu'une affaire d'hommes.

Le "Whydah Gally" était un navire pirate qui a coulé avec une énorme cargaison d'or et d'argent. Ce trésor a été découvert des siècles plus tard et contenait plus de 200 000 artefacts !

Calico Jack était célèbre pour son drapeau pirate à tête de mort et sabres croisés. C'est grâce à lui que ce symbole est devenu le logo universel des pirates.

La légende de Libertalia est fascinante. Imaginez une île gouvernée par des pirates, où tout le monde est libre et égal. Cela ressemble à un conte de fées pour brigands des mers !

Capitaine Kidd était un pirate si célèbre qu'il a même été jugé et pendu à Londres. Des légendes disent qu'il a enterré des trésors un peu partout, et les chasseurs de trésors les cherchent encore aujourd'hui.

Le trésor de Cocos Island est un autre mystère qui fait rêver les aventuriers. Certains disent que ce trésor serait tellement grand qu'il ne pourrait jamais être transporté par une seule personne.

Port Royal en Jamaïque était comme la grande capitale des pirates. Imaginez une ville où les pirates sont les rois et les reines, avec des trésors à chaque coin de rue !

Le "Golden Hind" a été le premier navire anglais à faire le tour du monde. Sir Francis Drake, son capitaine, est rentré en Angleterre avec tant d'or et d'argent que la reine Elizabeth I elle-même est venue le voir.

Le trésor du "Flor de la Mar" est un autre trésor perdu en mer. Ce navire portugais a coulé avec tellement d'or et de pierres précieuses que personne n'a jamais pu estimer sa valeur.

Bartholomew Roberts, ou "Black Bart", était un pirate très réussi. Il a capturé plus de 400 navires, ce qui en fait le pirate le plus "réussi" de l'histoire.

Le "Atocha" était un navire espagnol rempli de trésors qui a coulé en Floride. Le trésor a été retrouvé en 1985 et contenait des tonnes d'or, d'argent et de pierres précieuses.

La République des Pirates à Nassau était un autre paradis pour les pirates. C'était comme un club de vacances pour les hors-la-loi, où ils pouvaient se reposer entre deux pillages.

Capitaine Morgan était non seulement un pirate redoutable mais aussi un fin stratège. Et oui, il a donné son nom au célèbre rhum !

Le "San José" était un galion espagnol rempli de trésors qui a coulé en 1708. Il a été découvert en 2015 près de la Colombie, et son trésor est estimé à plusieurs milliards de dollars.

Flibustiers et Boucaniers étaient différents types de pirates. Les flibustiers étaient souvent français, tandis que les boucaniers étaient d'abord des chasseurs.

Le "Jolly Roger" est le nom du drapeau pirate à tête de mort. Ce drapeau était hissé juste avant l'attaque pour semer la terreur.

Le Code des pirates était comme les règles du jeu pour les pirates. Ce code dictait comment partager le butin, traiter les prisonniers et résoudre les disputes.

Edward Low était connu pour sa cruauté. Il n'hésitait pas à torturer et tuer ceux qui se mettaient en travers de son chemin. Son drapeau montrait un squelette rouge, un signe de sa nature violente.

Fêtes et traditions du monde

Ah, Diwali, la fête des lumières en Inde ! Imaginez un ciel illuminé de feux d'artifice et des maisons décorées de petites lampes. Les gens dessinent des rangolis, des motifs colorés, à l'entrée de leur maison pour accueillir la chance.

Hanoukka, la fête juive des lumières, a une histoire fascinante. Selon la légende, une toute petite quantité d'huile a miraculeusement duré huit jours dans le temple de Jérusalem. C'est pourquoi on allume une bougie sur la menorah chaque soir pendant huit jours.

Le Carnaval de Rio, au Brésil, est une explosion de couleurs, de musique et de danse. Les gens se vêtent de costumes incroyables et défilent dans les rues en dansant la samba. C'est une fête que tout le monde devrait voir au moins une fois dans sa vie !

Songkran, en Thaïlande, est peut-être la plus grande bataille d'eau du monde. Les gens sortent dans les rues avec des pistolets à eau, des seaux et même des tuyaux d'arrosage pour s'éclabousser mutuellement.

Holi, la fête des couleurs en Inde, ressemble à une gigantesque fête de la peinture. Les gens se lancent des poudres de toutes les couleurs, dansant et chantant dans les rues.

Noël est une fête qui réunit la famille autour de traditions comme les arbres décorés, les chants et les cadeaux. C'est une célébration de la naissance de Jésus, mais elle est devenue une fête universelle de joie et de partage.

La Tomatina en Espagne est comme une énorme bataille de boules de neige, mais avec des tomates ! Les gens se lancent des tomates mûres pendant une heure, et à la fin, tout le monde est couvert de sauce tomate.

Le Nouvel An chinois est une fête riche en traditions et en symboles. Les rues sont décorées de lanternes rouges, et des dragons dansent au son des tambours. C'est une période pour être avec la famille et espérer une année prospère.

Le Día de los Muertos au Mexique est une façon unique de se souvenir des êtres chers disparus. Les familles créent des autels colorés avec des photos, de la nourriture et des objets qui appartenaient à la personne décédée.

Eid al-Fitr est un jour de joie qui marque la fin du mois sacré du Ramadan pour les musulmans. Après un mois de jeûne du lever au coucher du soleil, les gens se réunissent pour un grand festin et échangent des cadeaux.

L'Oktoberfest en Allemagne, c'est la fête de la bière par excellence. Imaginez de grandes tentes remplies de personnes chantant, dansant et bien sûr, dégustant toutes sortes de bières.

La Fête des Lumières à Lyon est une tradition où les habitants placent des bougies sur leurs fenêtres pour éclairer la ville. C'est un spectacle féerique qui attire des visiteurs du monde entier.

Mardi Gras, surtout célèbre à la Nouvelle-Orléans, est une fête où tout est permis. Les gens portent des masques et des costumes extravagants et collectent des perles colorées lors des parades.

Loy Krathong en Thaïlande est une fête délicate et belle. Les gens créent de petits bateaux avec des feuilles et des fleurs, et les laissent flotter sur l'eau, emportant avec eux leurs souhaits.

La Saint-Patrick en Irlande est le jour où tout devient vert, des vêtements aux rivières, en passant par les bières. C'est une célébration de la culture irlandaise pleine de musique et de danse.

Inti Raymi au Pérou est une fête inca qui honore le dieu Soleil. Les gens se vêtent de costumes traditionnels et réalisent des danses et des rituels qui nous ramènent des siècles en arrière.

Le 14 juillet en France est la Fête nationale qui commémore la Révolution française. C'est un jour de parades militaires et de feux d'artifice, et même de bals populaires dans les rues.

La Fête des cerisiers en fleur au Japon célèbre la beauté éphémère de la nature. Les familles et les amis se réunissent pour des pique-niques sous les cerisiers en fleur, créant un paysage rose et blanc.

Vesak est le jour le plus sacré pour les bouddhistes. Il commémore la naissance, l'illumination et la mort de Bouddha, et est marqué par des prières, des méditations et des offrandes.

Pâques est une fête chrétienne qui célèbre la résurrection de Jésus. Les enfants participent à des chasses aux œufs et espèrent recevoir une visite du lapin de Pâques, qui laisse des friandises.

Superaliments et nutrition

Les baies de Goji, originaires des montagnes de l'Himalaya, sont comme des petites perles d'énergie. Elles sont gorgées d'antioxydants et de vitamines qui vous donnent un coup de fouet.

Le quinoa, souvent appelé "l'or des Incas", est une graine qui se comporte comme une céréale. Riche en protéines et en acides aminés essentiels, elle est un aliment de base dans les régimes végétariens.

Les graines de chia sont petites, mais leur impact sur la santé est énorme. Elles sont remplies d'oméga-3 qui sont bons pour le cœur et facilitent la digestion.

Le kale, ce légume feuillu vert foncé, est un véritable trésor nutritionnel. Il est si riche en vitamines et en minéraux que certains le considèrent comme l'un des aliments les plus sains de la planète.

Le curcuma, cette épice jaune orangé, est connu pour ses propriétés anti-inflammatoires. Il est souvent utilisé dans la cuisine indienne et dans les boissons detox.

Les baies d'açaï viennent de la forêt amazonienne et sont une véritable bombe d'antioxydants. Elles aident à lutter contre les radicaux libres qui causent le vieillissement.

Les épinards étaient l'aliment préféré de Popeye pour une bonne raison. Ils sont riches en fer et en calcium, ce qui les rend excellents pour la santé des os et des muscles.

Les noix sont de petits en-cas savoureux et nutritifs. Elles sont pleines de bonnes graisses et de protéines qui vous aident à rester énergique tout au long de la journée.

L'avocat est comme le roi des graisses saines. Non seulement il est délicieux en guacamole ou sur des toasts, mais il aide également à l'absorption des nutriments des autres aliments.

Le moringa, souvent appelé "l'arbre miracle", est utilisé dans la médecine traditionnelle pour ses nombreuses vertus. Ses feuilles sont un concentré de nutriments : protéines, calcium, potassium et vitamines.

Le thé vert est comme une potion magique pour votre corps. Il accélère le métabolisme, aide à la perte de poids et est rempli d'antioxydants.

Le gingembre est un excellent remède naturel pour une multitude de maux. Il est particulièrement efficace pour apaiser les nausées et renforcer le système immunitaire.

Les graines de lin sont petites mais puissantes. Elles sont une source riche d'oméga-3 et de fibres, ce qui les rend excellentes pour la digestion et la santé cardiaque.

L'ail est plus qu'un simple aromatisant pour votre cuisine. Il est un puissant antimicrobien et peut aider à réduire la pression artérielle.

La patate douce, avec sa belle couleur orange, est riche en bêta-carotène, ce qui est excellent pour la santé des yeux.

Les myrtilles sont comme des petites bombes d'antioxydants. Elles sont si riches en nutriments que vous vous sentirez comme un super-héros après en avoir mangé.

Les grains entiers sont des alliés de votre système digestif. Ils sont riches en fibres et aident à réduire le risque de maladies cardiaques.

Les haricots noirs sont un excellent moyen d'ajouter des protéines à votre alimentation, surtout si vous êtes végétarien. Ils sont également riches en fibres.

Le saumon est un poisson gras qui est une source fantastique d'oméga-3. Non seulement il est bon pour le cœur, mais il est aussi excellent pour le cerveau.

Le brocoli est le légume à tout faire. Riche en vitamines et en antioxydants, il est un excellent ajout à n'importe quel repas.

Records du monde

Ah, les records du monde ! Ils nous rappellent à quel point les êtres humains peuvent être extraordinaires. Prenons Lee Redmond, par exemple. Imaginez avoir des ongles qui atteignent une longueur totale de 8,65 mètres. Ça doit être tout un défi pour faire la vaisselle !

Et parlons de Lucky Diamond Rich, l'homme le plus tatoué du monde. Il a même tatoué l'intérieur de ses oreilles et de ses paupières. On peut dire qu'il est vraiment dévoué à son art corporel.

Le courage est également à l'honneur. AJ Hackett a sauté à l'élastique du sommet de la Macau Tower, à une hauteur vertigineuse de 233 mètres. Un saut qui a certainement fait battre son cœur à tout rompre !

Quant à Robert Wadlow, le plus grand homme documenté de l'histoire, il mesurait une taille incroyable de 2,72 mètres sans chaussures. On peut seulement imaginer les défis quotidiens qu'il devait affronter.

Jeanne Calment, une Française, détient le record de la personne la plus âgée, ayant vécu jusqu'à 122 ans et 164 jours. Elle a vu naître et grandir plusieurs générations et a été témoin de nombreux événements historiques.

L'Italie, pays de la pizza, n'a pas déçu en créant la pizza la plus grande du monde, avec une superficie de 1 261,65 m². C'est beaucoup de fromage et de sauce tomate !

En 1952, un couple a dansé sans s'arrêter pendant plus de 35 heures. Leurs pieds devaient être épuisés, mais quelle endurance !

Le Cullinan, le plus gros diamant jamais trouvé, pesait 3 106,75 carats. Il a été divisé en plusieurs pierres précieuses, dont certaines ornent la couronne britannique.

Ram Singh Chauhan, quant à lui, peut se vanter d'avoir la moustache la plus longue du monde, mesurant 4,29 mètres. On peut imaginer qu'il doit prendre un certain temps pour la coiffer chaque matin.

Et qui aurait cru qu'une émission de télévision en Norvège pourrait durer 217 heures en direct ? C'est presque dix jours de diffusion continue !

Bien sûr, la liste des records est encore longue et tout aussi fascinante. Prenons l'exemple du gâteau ayant porté le plus grand nombre de bougies : 72 585 pour être précis. Ce devait être un spectacle lumineux incroyable, et on peut seulement espérer qu'aucun incendie n'a été déclenché !

Et que dire de Barivel, ce Maine Coon qui détient le record du chat le plus long du monde ? Mesurant 120 cm de la tête à la queue, ce matou est presque aussi long qu'un enfant !

Pendant ce temps, en Chine, une équipe a créé une sculpture sur glace gigantesque de 52 234,56 m³ en 2010. Imaginez le talent et la précision nécessaires pour sculpter une œuvre d'art de cette envergure !

Imelda Marcos, l'ancienne première dame des Philippines, était une collectionneuse de chaussures avec plus de 3 000 paires. Un véritable temple de la mode, bien que controversé.

Adrienn Banhegyi a sauté à la corde 377 fois en seulement 60 secondes, prouvant qu'une minute peut être très longue si vous savez comment l'utiliser.

Lai Chi-wai, quant à lui, a grimpé 250 marches en poussant sa chaise roulante avec sa tête. Un exploit qui non seulement défie la gravité mais aussi les limites humaines.

Si vous pensiez que mettre des bigoudis était une tâche rapide, pensez à celui qui a mis 526 bigoudis en une heure. Cela doit être un record difficile à battre !

Un couple thaïlandais a partagé le plus long baiser jamais enregistré, durant 58 heures, 35 minutes et 58 secondes. On peut se demander comment ils ont fait pour manger ou boire pendant tout ce temps !

Aux États-Unis, le sandwich le plus lourd pesait 2 467,5 kg et a été préparé à Wild Woody's Chill and Grill. C'est beaucoup de pain, de laitue et de viande !

Aux Maldives, 308 plongeurs ont formé la plus longue chaîne humaine sous l'eau en 2019. Une belle démonstration de coordination et d'unité.

Les records ne cessent de nous surprendre et de repousser les limites de ce que nous pensions possible. Comme ces personnes qui se sont rassemblées pour former la plus grande danse de zombies au monde, en hommage au célèbre clip vidéo "Thriller" de Michael Jackson. Imaginez des centaines de personnes déguisées en zombies, dansant en parfaite synchronisation !

Ou le record du plus grand nombre de personnes jouant simultanément à un jeu d'échecs. Dans une salle gigantesque, des centaines de tables d'échecs étaient alignées, chaque joueur concentré sur son propre jeu tout en faisant partie d'un exploit collectif.

Ashrita Furman détient un record impressionnant : il a parcouru 123,45 mètres en équilibre sur une boule de cirque géante. Son exploit a eu lieu le 17 novembre 2004, au Belize. Chaque pas devait être calculé avec soin pour maintenir son équilibre sur cette surface ronde et instable.

Le chef français Michel Lotito a battu le record du plus grand nombre de crêpes faites en une heure, en préparant 1 127 crêpes. Cela signifie qu'il a retourné presque une crêpe toutes les trois secondes, une performance impressionnante de rapidité et de dextérité.

Mario Morby, un Britannique passionné, détient le record de la plus grande collection de cartes postales, avec plus de 1,5 million de pièces. Sa collection, qui couvre les murs de sa maison, est comme un voyage à travers le monde et l'histoire, chaque carte postale racontant une histoire différente d'un lieu ou d'une époque. C'est un trésor visuel qui représente des cultures variées et des moments historiques capturés sur de petits bouts de carton.

Le record du plus grand rassemblement de personnes déguisées en super-héros a été établi en 2010 quand 1 580 participants se sont réunis en Australie, portant les capes et les costumes de leurs héros préférés. C'était un spectacle haut en couleur où Batman, Superman, Wonder Woman et bien d'autres se côtoyaient, créant une scène digne d'un film de super-héros.

Quant à Ashrita Furman, c'est le roi incontesté des records du monde Guinness. Avec plus de 600 records établis, il a transformé la réalisation de l'extraordinaire en routine quotidienne. Que ce soit en jonglant avec des pommes tout en les mangeant ou en sautant à la corde pendant un marathon, Furman ne cesse de repousser les limites de l'endurance humaine et de la détermination.

Ou considérez le record du plus grand nombre de ballons de baudruche éclatés par un chien en moins de 60 secondes. Oui, vous avez bien entendu, c'est un record détenu par un chien nommé "Cally the Wonderdog". Ce petit animal a réussi à éclater 100 ballons en seulement 42,4 secondes, prouvant que les records du monde ne sont pas seulement réservés aux humains.

Et que dire de Dinesh Shivnath Upadhyaya, qui a réussi à mettre 88 raisins dans sa bouche en une minute ? Un exploit qui nécessite non seulement une grande bouche, mais aussi une incroyable dextérité et coordination.

L'exemple du plus grand assemblage de dominos, composé de 277 275 pièces, montre à quel point le travail d'équipe et la précision sont importants. Le spectacle final, lorsque tous les dominos s'effondrent dans un enchaînement parfait, est à couper le souffle.

Ou encore, le record du plus grand nombre de selfies pris en une heure. Ce record a été établi par Dwayne "The Rock" Johnson avec 105 selfies, prouvant que même les célébrités peuvent entrer dans le livre des records pour des exploits plutôt inattendus.

Le record du plus grand dessin réalisé par un robot a été établi en 2021 par un groupe d'ingénieurs en Italie. Le robot, nommé "DAVINCI", a dessiné une image gigantesque d'une fille sur une surface de 6 118,62 mètres carrés, utilisant un stylo spécialisé.

Et n'oublions pas le record de la plus grande cascade de feux d'artifice, où 70 000 fusées ont été lancées en un laps de temps de moins de 30 secondes, illuminant le ciel nocturne comme jamais auparavant.

Sportifs légendaires

Imaginez Jesse Owens, pieds fermement ancrés sur la piste d'athlétisme des Jeux olympiques de 1936 à Berlin. En remportant quatre médailles d'or, il a fait plus que courir; il a défié ouvertement les idéologies racistes du régime nazi, les renversant avec chaque foulée.

Puis, pensez à Michael Jordan. Après avoir été coupé de son équipe de basket-ball au lycée, il transforme cet échec en carburant pour sa détermination, gravissant les échelons jusqu'à devenir le plus grand joueur de basket de tous les temps. Un vrai phénix renaissant de ses cendres.

Et que dire de Pelé ? À l'âge où la plupart des adolescents apprennent encore les ficelles du football, il éblouit le monde en devenant le plus jeune joueur à marquer lors d'une Coupe du Monde à seulement 17 ans.

Muhammad Ali, quant à lui, nous a enseigné que le combat ne se limite pas au ring. Avec sa célèbre phrase "Vole comme un papillon, pique comme une abeille", il a esquivé le service militaire pendant la guerre du Vietnam, guidé par ses convictions religieuses profondes.

Wilma Rudolph a surmonté l'adversité dès son plus jeune âge. Après avoir combattu la polio, elle est devenue la première femme américaine à remporter trois médailles d'or en athlétisme lors d'une seule olympiade.

Roger Bannister, de son côté, a défié l'inimaginable. En 1954, il a brisé la barrière psychologique et physique du mile en moins de 4 minutes, une prouesse que beaucoup considéraient comme impossible.

En gymnastique, Nadia Comăneci a atteint la perfection, littéralement. Lors des Jeux olympiques de 1976, elle a obtenu la première note parfaite de 10, changeant à jamais la face de son sport.

Usain Bolt, surnommé "L'Éclair", a pulvérisé le record du monde du 100 mètres avec un temps époustouflant de 9,58 secondes. Une performance qui défie presque la compréhension humaine.

Serena Williams, elle a montré la force et la résilience des femmes athlètes en remportant un tournoi du Grand Chelem tout en étant enceinte. Un véritable exploit qui a élargi les horizons du possible.

Jackie Robinson a changé à jamais le visage du baseball en devenant le premier joueur afro-américain à jouer en MLB (Ligues Majeures de Baseball) en 1947, brisant ainsi la barrière raciale dans un sport autrefois ségrégué.

Michele Mouton a non seulement été une des femmes pilotes de rallye les plus réussies, mais elle a également co-fondé la "Race of Champions" en mémoire de son ami pilote décédé. Une double réalisation qui témoigne de son talent et de sa compassion.

Lionel Messi, malgré un déficit en hormone de croissance pendant son enfance, a surmonté cet obstacle pour devenir l'un des meilleurs footballeurs de tous les temps. Une véritable histoire de persévérance et de triomphe face à l'adversité.

Billie Jean King, une légende du tennis, a joué un rôle crucial dans la lutte pour l'égalité des sexes dans le sport. En 1973, elle a remporté le "Battle of the Sexes", un match très médiatisé contre Bobby Riggs, affirmant ainsi la compétence et la force des athlètes féminines.

Michael Phelps, ce nageur hors du commun, a un palmarès qui parle de lui-même. Il détient le record du plus grand nombre de médailles d'or olympiques, avec un total impressionnant de 23 titres. Un exploit qui le place au panthéon des athlètes olympiques.

Simone Biles, avec ses mouvements révolutionnaires, a complètement changé la dynamique de la gymnastique. Non seulement elle est une athlète incroyablement douée, mais elle est également considérée comme l'une des meilleures gymnastes de tous les temps.

Arnold Schwarzenegger, bien avant de devenir une icône du cinéma et un homme politique, était un culturiste de renom. Il a remporté le titre de Mr. Olympia à sept reprises, établissant une norme pour le culturisme qui perdure encore aujourd'hui.

Althea Gibson a fait tomber des barrières en devenant la première joueuse noire à remporter un titre du Grand Chelem en tennis en 1956. Une pionnière qui a ouvert la voie à des générations de talents diversifiés dans le sport.

Kobe Bryant a laissé une empreinte indélébile dans le monde du basket-ball. Il a notamment marqué 81 points lors d'un match de la NBA en 2006, le deuxième plus haut total de points en un seul match dans l'histoire de la ligue.

Rafael Nadal, le "Roi de la terre battue", a une domination sans égale sur le court de Roland-Garros avec 13 titres à son actif. Un règne qui défie toute concurrence et qui fait de lui un des plus grands joueurs de tennis de tous les temps.

Fanny Blankers-Koen, surnommée "La mère volante", était bien plus qu'une athlète extraordinaire. Elle a remporté quatre médailles d'or en athlétisme lors des Jeux olympiques de 1948, tout en étant mère de deux enfants. Un exemple lumineux qui prouve que les défis personnels ne sont pas un frein à l'excellence.

Les grandes migrations animales

Les caribous de l'Arctique entreprennent chaque année un voyage monumental de près de 1 500 km, une des plus longues migrations terrestres réalisées par un mammifère. Leur périple à travers montagnes, rivières et plaines enneigées est un témoignage éloquent de leur endurance et de leur instinct de survie.

Parlons des papillons monarques. Ces créatures délicates parcourent jusqu'à 4 500 km lors de leur migration du Canada vers le Mexique. Leur voyage est si extraordinaire qu'il nécessite plusieurs générations pour être achevé. Un véritable relais aérien orchestré par la nature !

Les baleines à bosse, ces majestueux géants des mers, entreprennent une migration annuelle de 25 000 km. Elles quittent les eaux froides polaires pour rejoindre des eaux tropicales plus clémentes où elles donnent naissance à leur progéniture. Un déplacement monumental pour une nouvelle vie.

Les gnous du Serengeti en Tanzanie, accompagnés de zèbres et d'antilopes, réalisent une migration circulaire de près de 3 000 km chaque année. Cette cavalcade collective est une quête incessante d'herbe fraîche et de nouveaux horizons.

Les saumons du Pacifique reviennent à leur lieu de naissance pour se reproduire après avoir passé plusieurs années en mer. Pour ce faire, ils remontent les rivières sur des centaines de kilomètres, bravant à la fois les courants et les prédateurs. Une migration qui est une véritable épopée de la vie et de la mort.

Les chauves-souris des grottes de Bracken au Texas forment le plus grand rassemblement de mammifères du monde. Des millions d'individus quittent leur grotte chaque été pour migrer vers le Mexique, un spectacle naturel qui force l'admiration.

Les manchots empereurs, véritables héros de l'Antarctique, marchent parfois jusqu'à 120 km pour atteindre leurs sites de reproduction. Ces oiseaux sont les seuls à se reproduire pendant l'hiver antarctique, défiant des températures extrêmement glaciales.

Les tortues marines vivent une aventure aquatique fascinante. Nées sur les plages, elles entament un périple à travers les océans de notre planète. Lorsqu'il est temps de pondre leurs œufs, elles reviennent souvent sur la même plage où elles sont nées, un cycle de vie qui est une véritable odyssée marine.

Les petits oiseaux arctiques comme le bécasseau sanderling réalisent un vol migratoire qui les mène de l'Arctique jusqu'à l'Antarctique. Ces vaillants petits oiseaux parcourent presque 32 000 km chaque année, une distance qui souligne leur incroyable endurance.

Quant aux éléphants d'Afrique, ces géants terrestres sont réputés pour leurs longues migrations en quête d'eau et de nourriture. Leur mémoire spatiale est si développée qu'ils peuvent retrouver des points d'eau après de longues périodes, et ce, même sur des centaines de kilomètres.

Les libellules, malgré leur petite taille, n'en sont pas moins impressionnantes. Certaines espèces voyagent jusqu'à 7 000 km entre l'Inde et l'Afrique, traversant océans et déserts. Une prouesse qui nous rappelle que la taille n'est pas toujours synonyme de limites.

Les baleines grises, ces autres titans des océans, effectuent une des plus longues migrations de tous les mammifères marins. Leur parcours s'étend sur environ 20 000 km, des eaux froides de l'Arctique aux lagunes chaudes du Mexique, où elles trouvent refuge pour se reproduire.

Les albatros, grâce à leurs ailes majestueuses, sont des experts du vol à longue distance. Ils peuvent parcourir jusqu'à 10 000 km sans se poser, survolant les vastes étendues océaniques de notre planète.

Les rennes, habitants robustes des régions arctiques, parcourent jusqu'à 5 000 km par an pour accéder à de nouveaux pâturages. Leur migration est une véritable traversée de rivières et de montagnes, une aventure terrestre à grande échelle.

Les flamants roses, ces oiseaux au plumage rose distinctif, voyagent sur de longues distances pour trouver des habitats idéaux pour l'alimentation et la reproduction. Certains d'entre eux voyagent plus de 2 000 km, connectant les zones humides d'Afrique et d'Asie.

Les lézards volants, malgré leur nom trompeur, sont de grands migrateurs. Ils peuvent planer sur 800 km pour trouver des zones d'alimentation ou de reproduction, une aptitude étonnante pour un reptile.

Arts martiaux du monde

Le karaté, cette discipline millénaire venue d'Okinawa au Japon, porte en son nom même sa philosophie : "main vide". Au-delà des frappes avec les mains et les pieds, cet art martial enseigne une discipline rigoureuse, presque méditative.

La capoeira, une danse de combat née au Brésil, est une forme d'expression artistique autant qu'un art martial. Élaborée par des esclaves africains, elle se distingue par ses mouvements acrobatiques et ses rythmes envoûtants, un véritable spectacle pour les sens.

Le taekwondo, ce fier représentant de la culture coréenne, se traduit littéralement par "la voie du pied et du poing". Avec ses coups de pied sautés et tournants, il est bien plus qu'un simple sport; c'est une école de vie enseignant le respect et la courtoisie.

Le kung-fu, cet art martial chinois riche et diversifié, englobe une multitude de styles, chacun avec ses spécificités. Souvent associé à la méditation et à la gestion du "qi", ou énergie vitale, il est un art complet.

Le judo, né au Japon, est une "voie de la souplesse" qui mise sur les projections et les prises au sol. Mais au-delà des techniques, il enseigne des valeurs essentielles comme la maîtrise de soi et le respect de l'adversaire.

L'aïkido, également japonais, est un art de la fluidité. Plutôt que de s'opposer frontalement à la force de l'adversaire, il vise à la rediriger, à l'utiliser contre lui-même en une danse de mouvements circulaires.

Le muay-thaï, le sport national de la Thaïlande, est souvent appelé "l'art des huit membres". Utilisant poings, coudes, genoux et tibias, il est un système de combat à la fois brut et élégant.

Le silat, provenant des régions malaisiennes et indonésiennes, est un art martial à la fois gracieux et redoutable. Les mouvements, souvent effectués en harmonie avec de la musique traditionnelle, cachent des techniques d'auto-défense efficaces.

Le sambo, cet art martial russe, est un mélange hybride de judo et de lutte. Conçu à l'origine pour le combat militaire, il se spécialise dans les prises au sol et les techniques de soumission.

Le krav maga, originaire d'Israël, est une réponse pragmatique aux menaces modernes. Axé sur la défense personnelle, il enseigne comment réagir de manière rapide et efficace à diverses situations dangereuses.

Le jiu-jitsu brésilien, qui prend ses racines dans le judo, s'est développé en une forme unique d'art martial au Brésil. Spécialisé dans le combat au sol, il offre une stratégie où même le plus faible peut triompher grâce à des techniques de soumission élaborées.

La boxe française, ou "savate", mélange adroitement les coups de pied et les coups de poing. Ce qui la distingue sont ses chaussures spéciales, les "chaussures de savate", qui font partie intégrante de cet art martial élégant mais redoutable.

Le wing chun, un style particulier de kung-fu, est une ode à la rapidité et à la précision. Cet art martial est célèbre pour son "mannequin de bois", un outil d'entraînement unique qui aide à parfaire les techniques de frappe et de blocage.

Le kali, également connu sous les noms d'eskrima ou d'arnis, est un art martial des Philippines axé sur le maniement des armes. Que ce soit les bâtons, les couteaux ou même les mains nues, cet art est un véritable arsenal de techniques de combat.

Le kyudo, qui signifie "la voie de l'arc" en japonais, est l'art traditionnel du tir à l'arc. Plus qu'une simple compétence de tir, il vise à atteindre une forme de perfection intérieure, en harmonie avec le geste de l'arc et la flèche.

La lucha libre, une variante mexicaine du catch professionnel, est un spectacle haut en couleur. Connue pour ses masques vibrants et ses acrobaties aériennes, elle est un véritable phénomène culturel au-delà de son aspect sportif.

Le sumo est plus qu'un sport de lutte; c'est un rituel japonais ancestral. Deux géants s'affrontent dans un cercle sacré, et l'objectif n'est pas seulement de faire tomber l'adversaire, mais aussi de gagner avec dignité.

Le ninjutsu, art des ombres, est souvent associé aux ninjas, ces espions et assassins légendaires du Japon féodal. Au-delà des techniques de combat, il inclut des éléments de stratégie, de discrétion et même de manipulation psychologique.

Le hapkido, venu de Corée, est un art martial polyvalent qui mêle coups de pied, prises et techniques d'armes. Il propose une approche hybride du combat, combinant divers éléments pour créer un système de self-défense complet.

Le tai chi, souvent associé à une forme de méditation en mouvement, est aussi un art martial chinois à part entière. Ses mouvements lents et fluides cachent des techniques de combat qui ne sont pas seulement belles à regarder, mais aussi incroyablement efficaces.

Voyages spatiaux et conquête de l'espace

L'année 1961 fut marquée par une réalisation époustouflante : Youri Gagarine, à bord de la capsule Vostok 1, devint le premier humain à flotter dans l'immensité de l'espace, effectuant une orbite complète autour de la Terre.

Puis en 1969, la mission Apollo 11 a griffonné son nom dans les annales de l'histoire. Neil Armstrong et Buzz Aldrin foulèrent le sol de la Lune, un exploit qui fit vibrer des millions de cœurs sur notre planète bleue.

La Station spatiale internationale, lancée en 1998, est une merveille d'ingénierie et de diplomatie. Elle symbolise la coopération internationale dans la quête de la connaissance spatiale.

Qui pourrait oublier les images somptueuses du télescope spatial Hubble ? Depuis son lancement en 1990, il a révolutionné notre perception de l'univers, dévoilant des galaxies lointaines et des nébuleuses éblouissantes.

La sonde Rosetta, lancée en 2004, nous a fait vivre un moment palpitant en 2014 lorsque son atterrisseur Philae s'est posé sur la comète 67P, une première dans l'histoire de l'exploration spatiale.

La planète rouge, Mars, fascine et intrigue. Des rovers comme Curiosity et Perseverance ratisse son sol aride à la recherche de signes d'eau et de vie ancienne.

La navette spatiale, qui a volé entre 1981 et 2011, a été le cheval de bataille de l'exploration spatiale, rendant possible des missions multiples, notamment la construction de l'ISS (Station Spatiale Internationale).

La mission Crew Dragon de SpaceX, en 2020, a ouvert un nouveau chapitre en devenant la première mission commerciale à envoyer des astronautes vers l'ISS.

Les sondes Voyager 1 et 2 lancées en 1977, il y a plus de 40 ans, sont de véritables pionnières de l'espace et continuent de nous envoyer des données depuis les confins du système solaire et au-delà.

Le projet Artemis de la NASA redouble d'ambition, visant à ramener des humains sur la Lune d'ici 2024, mais avec l'intention cette fois-ci d'y rester.

Le Soleil n'est pas en reste. La sonde Parker Solar Probe s'aventure à des proximités jamais atteintes pour percer les secrets de notre étoile.

La ceinture d'astéroïdes, ce champ de rochers entre Mars et Jupiter, attire aussi l'attention. La mission OSIRIS-REx a pour but d'y collecter des échantillons de l'astéroïde Bennu.

Les trous noirs, ces énigmes cosmiques, sont désormais moins mystérieux grâce à l'Event Horizon Telescope qui a capturé la première image d'un trou noir en 2019.

Le projet Starship de SpaceX ne vise rien de moins que la colonisation de Mars. Un projet ambitieux qui pourrait redéfinir l'avenir de l'humanité.

À la recherche de mondes au-delà du nôtre, des télescopes comme Kepler scrutent les cieux, révélant l'existence d'exoplanètes potentiellement habitables.

La Chine n'est pas en reste avec ses missions lunaires réussies, notamment Chang'e 5 qui a ramené des échantillons de la Lune en 2020.

Le télescope spatial James Webb, en attente de son lancement, est pressenti pour révolutionner notre compréhension de l'univers.

Des entreprises comme Blue Origin et Virgin Galactic planchent sur le tourisme spatial, une idée autrefois confinée aux romans de science-fiction.

L'exploitation minière d'astéroïdes est un autre domaine en plein essor. Ces rochers spatiaux pourraient être les mines d'or du futur.

Magiciens et illusionnistes

Harry Houdini, ce prodige de l'évasion, a captivé l'imagination collective bien au-delà de son époque. Artistiquement surnommé l'artiste du grand échappement, il fascinait le monde entier avec ses performances. Enchaîné et immergé sous l'eau ou enfermé dans sa terrifiante "chambre des tortures", il s'évadait de situations inextricables, défiant les lois de la physique et la logique humaine. Ses exploits comme le "tour de la métamorphose" et son évasion de boîtes verrouillées ont largement contribué à son aura mystérieuse.

Depuis les années 1920, le tour de la "femme coupée en deux" a captivé les spectateurs. Ce tour, utilisant l'art de la diversion et des compartiments secrets, crée une illusion déconcertante qui continue de fasciner par sa capacité à jouer avec une peur viscérale tout en rassurant avec une conclusion heureuse.

David Copperfield, ce maestro de l'illusion, a redéfini les frontières de la magie avec des actes spectaculaires comme la disparition de la Statue de la Liberté en 1983. Son audace et son imagination ont transformé des lieux emblématiques en simples acteurs de ses performances étonnantes.

Derren Brown, le mentaliste britannique, combine suggestion et psychologie pour tromper et émerveiller son public. Ses tours, explorant les confins de la psychologie, créent des illusions si convaincantes qu'elles remettent en question la fiabilité de nos propres sens.

L'illusion de la lévitation et le tour de la "chambre des tortures" sont des classiques de la magie qui utilisent respectivement des fils transparents, des plateformes cachées, et des cadres de pointes acérées pour créer des illusions d'apesanteur et d'évasion périlleuse.

Le "palmage" est une technique subtile mais efficace. Le magicien, en cachant des objets dans la paume de sa main, trompe même les spectateurs les plus attentifs, une preuve que dans l'art de l'illusion, chaque détail compte.

Des artistes contemporains comme Dynamo et Criss Angel ont repoussé les limites de ce que nous considérons comme possible, en "marchant" sur la Tamise ou sur l'eau d'une piscine, des exploits qui semblent défier les lois de la nature elle-même.

Le "tour de la guillotine" et la "misdirection" jouent avec les peurs et l'attention du public. Grâce à des faux couteaux, des têtes truquées, et l'art de détourner l'attention, ces tours prouvent que chaque geste a une signification et chaque seconde est une opportunité pour l'illusion.

Penn & Teller, le duo américain, brise les codes en révélant les secrets de certains tours tout en accomplissant des illusions qui laissent le public sans voix, représentant une méta-magie qui joue avec nos attentes.

La magie des pièces et le "tour de l'anneau volant" nécessitent une dextérité incroyable. Ces tours, où les objets disparaissent et réapparaissent de manière inattendue, sont des exemples parfaits de la magie interactive.

David Blaine, connu pour sa magie de rue et ses tours d'endurance, a réalisé des exploits comme être enterré vivant pendant plusieurs jours, tandis que Teller, du duo Penn & Teller, est célèbre pour sa performance silencieuse, utilisant des gestes et des expressions pour réaliser des tours sans un mot.

Robert-Houdin, souvent cité comme le père de la magie moderne, a utilisé l'électromagnétisme pour réaliser certains de ses tours les plus étonnants, montrant que la magie est aussi une question de comprendre et d'utiliser la science à son avantage.

En définitive, la magie est un art de l'illusion qui repose sur une combinaison de dextérité, de psychologie, de technologie et de narration. Que ce soit à travers des tours classiques ou des exploits modernes, les magiciens continuent de défier notre perception de la réalité, nous rappelant que le monde est toujours plein de mystère et de merveille.

L'ère des dinosaures

Il y a environ 230 millions d'années, durant la période géologique connue sous le nom de Trias, notre Terre a vu l'émergence des premiers dinosaures. Ces créatures extraordinaires ont dominé notre planète pendant des millions d'années, marquant l'écosystème de leur empreinte indélébile.

Parmi eux, le Tyrannosaurus rex, ce colosse d'environ 12 mètres de long, a terrorisé ses proies. Sa stature impressionnante ne l'empêchait pas d'atteindre des vitesses surprenantes allant jusqu'à 20 km/h, faisant de lui un prédateur redoutable et un chef d'orchestre dans l'écosystème de son époque, un équilibre délicat entre prédation et survie.

Les sauropodes, tels que le Brachiosaurus, étaient de véritables géants terrestres. Certains spécimens atteignaient jusqu'à 26 mètres de longueur. Leur taille démesurée et leur long cou, leur permettant d'atteindre des feuilles en hauteur, est une prouesse de la biologie, défiant notre compréhension de l'anatomie animale, tout en jouant un rôle crucial dans la régulation de la végétation.

Toutefois, tous les dinosaures n'étaient pas des géants. Le Compsognathus, par exemple, avait la taille d'un poulet. Cette variété de tailles témoigne de la grande diversité de ces créatures préhistoriques, où même les plus petits avaient leur rôle à jouer, contribuant à l'équilibre de leur habitat.

Certains dinosaures, comme le Velociraptor, étaient dotés de plumes. Bien que la majorité de ces dinosaures ne fussent pas capables de voler, leur présence suggère une transition évolutive vers les oiseaux, ajoutant une couche supplémentaire de complexité à notre compréhension de ces animaux fascinants.

Le Stegosaurus, avec ses plaques dorsales et ses piques caudales, a vécu durant le Jurassique, il y a environ 150 millions d'années. Sa morphologie distincte en fait une œuvre d'art de la nature, chaque élément de son anatomie contribuant à sa survie dans un monde dangereux.

Durant l'ère des dinosaures, les premiers oiseaux comme l'Archaeopteryx ont fait leur apparition. Ce tournant évolutif, marqué par le passage de la reptation à l'envol, montre à quel point la diversité de la vie peut être étonnante et comment ces créatures ont pu conquérir de nouveaux horizons.

Les Triceratops, munis de trois cornes et d'un grand bouclier crânien, étaient des herbivores adaptés à la défense contre des prédateurs comme le T. rex. Leur imposant bouclier crânien et leurs cornes les rendaient probablement l'équivalent préhistorique d'un char d'assaut végétarien.

Le Spinosaurus, avec sa voile dorsale impressionnante, était un autre grand carnivore, surpassant même le T. rex en taille. Ce dinosaure unique, un géant parmi les géants, enrichit notre compréhension de la diversité des formes de vie préhistoriques. Sa voile dorsale et sa taille immense le distinguent comme un autre prodige de l'évolution.

Durant la période Crétacée, l'émergence des fleurs a ajouté couleur et diversité à un monde déjà riche en formes de vie. Les relations entre ces plantes et les dinosaures herbivores ont probablement été complexes, créant de nouvelles chaînes alimentaires et des relations écologiques complexes.

L'ère des dinosaures a pris fin il y a environ 65 millions d'années, dans un cataclysme probablement causé par un impact d'astéroïde, un événement d'extinction de masse qui a mis fin à la domination de ces créatures sur Terre. Ce chapitre sombre mais essentiel de leur saga nous rappelle la fragilité de la vie et l'impact potentiel des changements environnementaux à grande échelle.

Musiques et danses du monde

La salsa, ce mélange enivrant de rythmes africains et d'instruments espagnols, est née à Cuba. Cette danse énergique est une explosion de mouvements et de couleurs, faisant d'elle une expression joyeuse de la culture caribéenne.

Le K-pop, cette vague culturelle venue de Corée du Sud, a conquis le monde avec sa fusion de pop, de rap et parfois de rock. Les performances sont souvent spectaculaires, mettant en avant des chorégraphies précises qui captivent les fans à travers le monde.

En Inde, le Bharatanatyam occupe une place sacrée parmi les danses classiques. Cette danse millénaire narre des histoires à travers des mouvements gracieux et des expressions faciales, établissant un lien profond entre l'art et la spiritualité.

L'Andalousie, en Espagne, est le berceau du Flamenco. Cette danse est une explosion d'émotions, combinant le chant, la danse et le jeu de guitare dans une performance artistique intense et captivante.

En Argentine, le tango est bien plus qu'une danse; c'est une histoire d'amour mise en mouvement. La musique, souvent jouée avec un bandonéon, ajoute une couche de passion à cette danse déjà intense.

Le reggae, ce genre musical emblématique de la Jamaïque, est un hymne à la détente et à l'amour. Son rythme lent et posé offre un contraste saisissant avec la rapidité et l'énergie de nombreuses autres danses populaires.

La samba est l'âme du Carnaval de Rio au Brésil. Cette danse rapide et joyeuse est un véritable spectacle visuel, avec des danseurs vêtus de costumes éblouissants et colorés qui défilent au rythme de la musique.

Le Baladi égyptien est une danse folklorique traditionnelle souvent réalisée avec une ceinture ornée qui accentue les mouvements fluides du corps. C'est une célébration de la culture et de l'histoire égyptiennes.

En Irlande, la danse en claquettes est une démonstration de compétence et de rythme. Les chaussures spéciales utilisées amplifient chaque mouvement, rendant la performance encore plus impressionnante.

Le hip-hop, né dans les quartiers populaires de New York, est plus qu'une danse; c'est un moyen d'expression sociale. Les mouvements rythmiques sont souvent réalisés sur une musique rap, apportant une voix aux communautés marginalisées.

En Russie, la danse Kalinka est un spectacle de joie et d'énergie, connue pour ses sauts et ses accroupissements rapides. Elle est souvent accompagnée de chants joyeux, ajoutant une dimension culturelle à la performance.

Le Taiko japonais est une expérience percussive qui va au-delà de la simple musique. Les tambours sont joués avec des mouvements chorégraphiés et puissants, créant une performance visuellement et auditivement captivante.

Le Hula hawaïen est une danse qui raconte des histoires à travers des mouvements de mains gracieux et des hanches ondulantes. Souvent accompagné de chants, c'est un véritable art narratif en mouvement.

La danse du ventre, ou danse orientale, est une célébration de la féminité et de la sensualité, mettant en avant les mouvements fluides du torse et des hanches.

Le jazz, ce genre musical complexe et varié originaire des États-Unis, est également associé à des mouvements de danse improvisés, donnant à chaque performance un caractère unique.

La polka, cette danse joyeuse d'Europe centrale, est souvent accompagnée d'un accordéon, ajoutant une couche festive à la performance.

En Indonésie, le gamelan est un ensemble musical traditionnel composé principalement de percussions. Il accompagne souvent des danses ou des cérémonies, ajoutant une profondeur culturelle à chaque événement.

Les danses traditionnelles africaines varient considérablement d'une région à l'autre. Cependant, elles sont souvent rythmiques et vigoureuses, jouant un rôle central dans les célébrations et les rites communautaires.

Le rock 'n' roll, avec ses mouvements de danse énergiques comme le "twist", a révolutionné la musique et la danse dans les années 1950. Il reste un symbole d'une époque de changement et de liberté.

La valse, cette danse européenne élégante et fluide, est souvent la star des bals formels. Sa musique à trois temps crée une atmosphère de romance et de raffinement.

Inventeurs et leurs créations

Thomas Edison est souvent réduit à l'invention de l'ampoule électrique, mais cet esprit ingénieux a aussi donné naissance au phonographe, cette incroyable machine qui a permis d'enregistrer et de jouer du son pour la première fois.

Alexandre Graham Bell, l'homme derrière le téléphone, n'était pas qu'un inventeur à une idée. Il a également œuvré pour aider les personnes sourdes, montrant une variété de centres d'intérêt et une volonté de rendre le monde meilleur.

Avant l'invention du réfrigérateur par John Gorrie, la conservation des aliments était une affaire glaciale, littéralement ! Les gens utilisaient de la glace et des méthodes de conservation plus primitives pour garder leur nourriture au frais.

Pouvez-vous imaginer un monde sans ascenseurs sûrs ? Merci à Elisha Otis qui, en 1852, a introduit un mécanisme de sécurité qui a révolutionné les transports verticaux dans les bâtiments.

Les cerfs-volants, ces objets célestes de notre enfance, nous viennent de la Chine ancienne. Ils ont été inventés il y a plus de 2000 ans et ont traversé les siècles pour égayer nos ciels modernes.

George Eastman a démocratisé la photographie en inventant le film en rouleau. Cette invention a conduit à la création de Kodak et a rendu la capture de moments précieux accessible à tous.

Imaginez un monde où l'on peine à voir clairement : difficile, n'est-ce pas ? Les lunettes, inventées au 13e siècle en Italie, sont venues au secours de millions de personnes à travers les âges.

Le premier concept d'ordinateur est attribué à Charles Babbage et sa machine analytique en 1837. Bien qu'elle n'ait jamais été entièrement réalisée, cette idée a posé les bases de l'informatique moderne.

Douglas Engelbart a inventé la souris d'ordinateur en 1964, facilitant ainsi l'interaction avec ces machines encore nouvelles. Cet outil est devenu si courant que nous ne pouvons plus imaginer notre vie numérique sans lui.

Le stylo à bille, cet objet du quotidien, a été inventé par Laszlo Biro en 1938. Il a mis fin à l'ère des stylos plume et de l'encre renversée, simplifiant l'écriture pour des générations.

L'éventail, cet accessoire à la fois pratique et élégant, est un autre cadeau de la Chine ancienne. Il servait à se rafraîchir mais a également acquis une valeur esthétique et sociale.

Marie Curie est une icône de la science. Elle n'a pas seulement découvert le radium, mais elle est aussi la seule personne à avoir remporté des prix Nobel dans deux disciplines scientifiques différentes.

Le premier aspirateur était si imposant qu'il nécessitait un chariot pour le transporter. Merci à Hubert Cecil Booth pour cette invention en 1901 qui a changé notre manière de nettoyer.

Le velcro, cette invention si pratique, a été inspiré par la nature. George de Mestral a eu cette idée en 1941 après une promenade où des graines de bardane se sont accrochés à ses vêtements.

Le Slinky, ce jouet qui descend les escaliers tout seul, est né d'un accident. Richard James a été inspiré en voyant un ressort tomber et "marcher", donnant ainsi naissance à ce jouet classique.

Les parapluies ont une histoire ensoleillée ! À l'origine, ils étaient utilisés pour se protéger du soleil dans l'Égypte ancienne et étaient un signe de statut social.

Les ciseaux, ces outils indispensables, ont été inventés en Égypte il y a plus de 3000 ans. Une invention ancienne mais toujours d'actualité.

Le jeu vidéo Pong a ouvert la voie à l'ère du jeu vidéo. Sorti en 1972, ce jeu simple mais addictif a conquis le monde et lancé une révolution dans le divertissement.

L'horloge mécanique, inventée par les moines européens au Moyen Âge, régulait la vie monastique en sonnant les cloches à intervalles réguliers. Elle est devenue depuis un élément essentiel de notre quotidien.

Les premières lunettes de soleil étaient portées par les juges en Chine pour masquer leurs expressions faciales. Faites de quartz fumé, elles étaient plus un outil de dissimulation qu'une protection contre les rayons du soleil.

Les grands écrivains et leurs œuvres

J.K. Rowling, l'auteure britannique, a bravé l'adversité et a vu son œuvre "Harry Potter" devenir une série de livres parmi les plus vendues au monde. Ses débuts difficiles n'ont fait que souligner la puissance de sa vision.

Mark Twain, ou Samuel Clemens, a puisé dans le trésor de ses expériences d'enfance pour créer des récits universels comme "Les Aventures de Tom Sawyer" et "Les Aventures de Huckleberry Finn". Ces œuvres sont devenues des symboles de l'Amérique rurale.

Victor Hugo, la plume française qui a donné vie à "Les Misérables", a peint un tableau sombre, mais réaliste de la France postrévolutionnaire. Ses œuvres continuent de résonner dans le cœur du public, des siècles plus tard.

Jane Austen est une voix inoubliable qui a capturé l'essence de la société aristocratique anglaise avec des romans tels qu'"Orgueil et Préjugés" et "Emma". Ses personnages féminins forts et indépendants ont défié les stéréotypes de son époque.

F. Scott Fitzgerald a immortalisé l'âge d'or des années 1920 dans "Gatsby le Magnifique", une exploration nuancée du rêve américain et de ses failles.

Gabriel García Márquez a emmené ses lecteurs dans des mondes où le réel et le fantastique coexistent, grâce à son style unique du réalisme magique dans des romans comme "Cent ans de solitude".

George Orwell, avec ses romans dystopiques comme "1984" et "La Ferme des animaux", a offert des critiques mordantes de la société et des régimes totalitaires, qui restent pertinentes aujourd'hui.

Haruki Murakami a séduit le monde avec ses intrigantes fusions de réalité et de fantastique, comme dans "Kafka sur le rivage" et "1Q84". Ses œuvres sont un voyage dans l'irrationnel.

Agatha Christie, la "reine du mystère", a défié les esprits de millions de lecteurs avec ses intrigues complexes et ses détectives emblématiques comme Hercule Poirot et Miss Marple.

William Shakespeare, le grand dramaturge anglais, a donné au monde des histoires d'amour, des tragédies et des comédies qui transcendent le temps et la culture.

Charles Dickens a capturé l'essence de l'époque victorienne et ses nombreux problèmes sociaux avec des œuvres comme "Oliver Twist" et "Un chant de Noël".

Jules Verne, le visionnaire français, a fasciné le monde avec ses histoires d'aventure et de science-fiction, faisant rêver des générations de futurs explorateurs et scientifiques.

Mary Shelley, à l'âge tendre de 19 ans, a créé avec "Frankenstein" l'un des premiers romans de science-fiction, une réflexion sur la création et la morale.

Ernest Hemingway, avec son style épuré et direct, a laissé une empreinte indélébile sur la littérature américaine à travers des œuvres comme "Le Vieil Homme et la Mer".

Louisa May Alcott a capturé les joies et les peines de la vie de famille dans "Les Quatre Filles du docteur March", une œuvre qui continue de toucher les lecteurs de toutes les générations.

Leo Tolstoï a plongé dans la complexité de la nature humaine et de la société avec des romans épiques comme "Guerre et Paix" et "Anna Karénine".

Oscar Wilde a charmé et scandalisé la société de son époque avec son esprit vif et des œuvres provocantes comme "Le Portrait de Dorian Gray".

Emily Dickinson, cette poétesse recluse, a laissé un héritage poétique d'une profondeur et d'une sensibilité extraordinaires, la plupart de ses œuvres n'ayant été découvertes qu'après sa mort.

Roald Dahl a émerveillé les enfants et les adultes avec des histoires fantastiques et humoristiques comme "Charlie et la Chocolaterie".

Antoine de Saint-Exupéry, avec "Le Petit Prince", a réussi à créer une œuvre qui parle aussi bien aux enfants qu'aux adultes, une fable philosophique qui explore les nuances de l'humanité.

Chaque écrivain est un univers en soi, ayant contribué à façonner notre compréhension du monde, à éveiller notre imagination et à défier notre pensée. Leurs œuvres traversent le temps et l'espace, touchant des générations de lecteurs bien après leur époque.

Énergies renouvelables

Imaginez un monde où l'énergie du soleil pourrait alimenter toute la planète pendant une année entière, et tout ça en seulement une heure de lumière solaire ! Oui, vous avez bien entendu, une seule heure ! Le soleil, ce fourneau céleste, a un potentiel si colossal qu'il est comme un trésor brillant dans le ciel, attendant d'être exploité à son plein potentiel.

Les éoliennes, ces géants modernes qui dansent au rythme du vent, sont si imposantes que certaines ont des pales plus longues qu'un terrain de football. Elles s'élèvent majestueusement dans nos champs et le long de nos côtes, leurs lames gigantesques tournant comme des roues de la fortune, générant une énergie propre et ininterrompue.

Pensons aux barrages hydroélectriques, ces merveilles d'ingénierie qui canalisent la puissance brute de l'eau. Le barrage des Trois Gorges en Chine, un colosse parmi eux, est si puissant qu'il peut même influencer la rotation de notre planète, comme si la Terre elle-même était un gigantesque hamster dans une roue.

Les algues, ces plantes aquatiques souvent méprisées, sont en réalité des superstars du futur en matière de carburant. Elles croissent avec une rapidité stupéfiante et peuvent être transformées en biocarburant, ouvrant la possibilité que ces organismes simples puissent un jour alimenter nos voitures.

L'énergie géothermique, cette chaleur cachée au cœur de notre Terre, est comme une énergie dormante qui ne demande qu'à être réveillée. En Islande, cette chaleur sert même à réchauffer les maisons, transformant chaque foyer en un cocon de chaleur, comme si la Terre nous donnait un gros câlin chaleureux.

L'eau de votre douche ne doit pas être sous-estimée car elle pourrait avoir une seconde vie en tant qu'énergie. Certaines villes sont si futuristes qu'elles transforment les eaux usées en énergie, prouvant que le recyclage peut aller bien au-delà de ce que nous imaginons, le transformant en une ressource plutôt qu'en un déchet.

Les marées, ce ballet incessant entre la Terre et la Lune, ont plus à offrir que de simples vagues. Leur énergie pourrait être capturée pour alimenter des villes entières, faisant de chaque marée montante et descendante une occasion de générer de l'électricité.

La première centrale solaire, un projet visionnaire du XIXe siècle à New York, utilisait des miroirs pour concentrer la lumière du soleil, un peu comme une loupe géante. Cela montre que l'idée d'utiliser le soleil comme source d'énergie est loin d'être nouvelle; elle attendait simplement que la technologie la rattrape.

Et que dire des voitures écologiques ? Elles représentent le futur du transport, fonctionnant grâce à des ressources comme l'hydrogène et l'air comprimé. Elles prouvent que la mobilité durable n'est pas une idylle, mais une réalité à portée de main.

Tout cela semble fantastique, non ? Mais il faut se rappeler que les énergies renouvelables sont encore comme le petit poucet de la production énergétique mondiale. Cependant, elles grandissent rapidement, et qui sait, elles pourraient bien devenir le géant énergétique de demain.

Les grandes civilisations

Préparez-vous à un voyage étonnant à travers le temps et l'espace, car l'histoire est pleine de surprises ! Imaginez une époque où les Mayas, bien avant les télescopes, étaient déjà des astronomes hors pair. Leur calendrier, basé sur les étoiles et les planètes, était d'une précision à couper le souffle.

Maintenant, faites un bond en arrière et atterrissez à Carthage, cette cité-état ancienne où les nobles faisaient des sacrifices inimaginables. Oui, ils offraient parfois leurs propres enfants aux dieux lors de rituels mystérieux. Ça donne froid dans le dos, n'est-ce pas ?

Et la Grande Muraille de Chine ? Oubliez l'idée qu'elle est visible depuis l'espace, c'est un mythe ! En réalité, il s'agit d'un ensemble de murs et de fortifications, comme un gigantesque puzzle serpentant à travers les montagnes et les déserts.

Parlons de propreté. Vous ne croirez jamais que la civilisation de la vallée de l'Indus, qui a prospéré de 3300 à 1300 av. J.-C, avait des salles de bain et des systèmes d'égouts! C'est comme si les anciens Indus étaient les inventeurs du confort moderne.

Les Spartiates, ces guerriers redoutables, prenaient leur formation au sérieux. À 7 ans à peine, ils entraient dans une académie militaire impitoyable. Pas de temps pour les jeux d'enfants ici !

Vous avez déjà essayé de vous rappeler votre liste de courses ? Les Incas n'avaient pas de papier ni de stylo, mais ils utilisaient des "quipus", des cordes nouées qui servaient de mémoire externe.

Les Mésopotamiens étaient les pionniers de l'écriture. Ils gravaient des signes cunéiformes sur des tablettes d'argile, créant ainsi les premiers "livres".

Les Égyptiens, eux, étaient obsédés par la vie après la mort. Ils embaumaient leurs défunts et les plaçaient dans des tombes remplies de trésors. On peut dire qu'ils prenaient leurs adieux très au sérieux !

Les Aztèques avaient une vision plutôt pessimiste de la création du monde. Selon eux, les dieux avaient déjà créé et détruit le monde quatre fois. C'est comme un redémarrage cosmique !

Et que dire de la bibliothèque d'Alexandrie, ce trésor perdu de la connaissance ? Elle était si grande que sa destruction est considérée comme l'une des plus grandes tragédies intellectuelles de l'histoire. À son apogée, elle aurait contenu entre 400 000 et 700 000 rouleaux de papyrus, rassemblant ainsi le savoir de l'ancien monde.

Les Perses, organisés comme ils l'étaient, avaient déjà un système postal ! Des routes et des relais permettaient d'accélérer la livraison du courrier, un peu comme les prémices de notre système postal moderne.

Les Khmers, ces architectes extraordinaires, avaient conçu des réseaux d'irrigation colossaux pour nourrir leur peuple. Et bien sûr, ils ont également construit Angkor Wat, ce chef-d'œuvre architectural.

La civilisation sumérienne était en avance sur son temps, avec une connaissance pointue en mathématiques et en astronomie. C'est comme s'ils avaient leur propre équipe de scientifiques et d'ingénieurs.

Les Maoris de Nouvelle-Zélande étaient d'incroyables sculpteurs. Leurs "Marae" ou lieux de rencontre, étaient ornés de figures en bois incroyablement détaillées.

Les Nabatéens, ces génies du désert, savaient comment survivre dans des conditions extrêmes. Ils avaient mis au point des techniques pour collecter et stocker l'eau à Pétra, leur cité sculptée dans la roche.

Les Vikings n'étaient pas que de simples guerriers ; ils étaient aussi des navigateurs, des commerçants et des explorateurs. Qui sait, peut-être qu'ils auraient été d'excellents candidats pour une émission de téléréalité sur la survie !

Les Olmèques, souvent considérés comme les précurseurs des grandes civilisations mésoaméricaines, sont célèbres pour leurs têtes géantes en pierre. On se demande encore comment ils ont réussi à les sculpter avec des outils si primitifs.

Le script de la civilisation de la vallée de l'Indus reste un mystère que même les meilleurs cryptographes n'ont pas encore résolu. C'est comme un casse-tête qui attend encore d'être assemblé.

Enfin, les Grecs anciens pensaient que leur panthéon de dieux vivait sur le mont Olympe. De là, ces divinités regardaient et régissaient le monde des humains, un peu comme des parents très, très puissants.

Alors, quel voyage, n'est-ce pas ? L'histoire est une aventure sans fin, et elle nous montre que l'imagination humaine n'a pas de limites. Alors, à quand votre prochaine exploration ?

Endroits hantés et légendes urbaines

Accrochez-vous bien, chers jeunes explorateurs, car je vais vous emmener dans une aventure à travers les lieux les plus mystérieux et hantés de notre planète ! On commence en Roumanie, au château de Bran, souvent associé à Dracula, le vampire le plus célèbre de la littérature. Mais détrompez-vous, la véritable histoire de ce château avec le comte vampire est plus floue que vous ne le pensez !

Maintenant, direction la Californie, au manoir de Winchester, une maison que même les fantômes appelleraient "maison". Sarah Winchester, la propriétaire, n'a cessé de l'agrandir car elle croyait que la maison était hantée par les esprits des personnes tuées par les armes Winchester.

Cap sur Londres, où la tour de la ville est si hantée qu'elle pourrait être le siège social des fantômes de Grande-Bretagne ! Imaginez croiser Anne Boleyn, l'ex-reine décapitée, en train de se promener dans les couloirs.

Vous pensez que la Maison-Blanche est juste un lieu politique ? Détrompez-vous ! On dit qu'Abraham Lincoln y fait des apparitions de temps en temps. Peut-être vérifie-t-il encore les décisions politiques ?

Le Pénitencier de l'Est en Pennsylvanie est maintenant fermé, mais il semble que certains de ses anciens résidents y soient toujours. Des bruits étranges et des apparitions ont été signalés. Y aurait-il une réunion de fantômes là-bas ?

Ah, la Dame Blanche ! Cette légende est si populaire qu'on la trouve dans de nombreux pays. Une femme en deuil ou trahie qui apparaît près des lacs ou des routes, un vrai classique des histoires d'épouvante !

À Paris, l'Opéra Garnier n'est pas seulement le lieu de magnifiques performances. Il a aussi son propre locataire spectral, un homme masqué qui a inspiré le célèbre "Fantôme de l'Opéra".

Les Catacombes des Capucins à Palerme en Italie sont un musée de l'au-delà. Les corps momifiés y sont si bien conservés que la petite Rosalia Lombardo semble tout simplement dormir.

Vous avez déjà entendu parler du monstre du Loch Ness en Écosse ? Malgré toutes les recherches, "Nessie" reste insaisissable. Qui sait, peut-être est-ce juste une grosse anguille timide ?

Le château de Chillingham en Angleterre est si hanté qu'il pourrait être le décor parfait pour un film d'horreur. Apparitions, cris et bruits de chaînes sont au menu. Prêt pour une visite nocturne ?

La Route de Clinton au New Jersey n'est pas une route habituelle. Entre camions fantômes, fantômes d'enfants et rituels étranges, c'est une route que vous ne voudrez pas prendre seul la nuit !

Le Queen Mary, un paquebot ancré en Californie, est comme un hôtel pour fantômes. Entre apparitions et bruits inexpliqués, c'est un séjour que vous n'oublierez pas de sitôt.

À Lyon, la gare de la Croix-Rousse est le théâtre d'apparitions d'une jeune femme près des voies. Peut-être attend-elle toujours son train ?

L'hôpital de Waverly Hills aux États-Unis est tellement hanté que même les portes se ferment toutes seules. Ajoutez à cela des apparitions de patients décédés, et vous avez la recette d'une nuit blanche garantie.

En Écosse, le Pont de l'Overtoun est un vrai mystère. Un nombre inexplicable de chiens y auraient sauté. Les chercheurs sont toujours perplexes.

Le tunnel de Hoosac dans le Massachusetts est comme une émission de télé-réalité pour fantômes. Entre apparitions et voix étranges, c'est un endroit que vous préféreriez éviter.

La Llorona, cette légende latino-américaine, raconte l'histoire d'une mère en pleurs à la recherche de ses enfants noyés. Un conte vraiment effrayant !

La forteresse d'Édimbourg en Écosse est un lieu chargé d'histoire et de spectres. Avec toutes les batailles et trahisons qui y ont eu lieu, il n'est pas surprenant qu'elle soit l'un des lieux les plus hantés du Royaume-Uni.

Enfin, la route de Belchen en Allemagne est un vrai catalogue de phénomènes paranormaux. Fantômes, apparitions et même des voitures qui agissent bizarrement !

Alors, êtes-vous prêts pour votre propre aventure paranormale ? N'oubliez pas votre lampe de poche, car dans ces lieux, même les fantômes pourraient avoir peur !

Jeux traditionnels et jeux de société

Première escale : l'Inde ancienne, où les échecs ont vu le jour. Ce n'est pas qu'un simple jeu de plateau, mais plutôt une simulation de batailles épiques entre deux armées ! Chaque pièce a son propre rôle, tout comme dans une vraie bataille. Incroyable, non ?
Prenons maintenant un vol vers la Chine pour découvrir le jeu de Go. Avec son plateau quadrillé et ses pierres noires et blanches, ce jeu vous paraîtra simple. Mais ne vous y trompez pas ! Sa profondeur stratégique est si grande qu'il faudra toute une vie pour le maîtriser.

De la Chine, nous faisons un saut dans le temps jusqu'à l'Empire romain. Qui aurait cru que la marelle, ce jeu que vous dessinez avec de la craie sur le trottoir, était pratiquée par les enfants romains ?

Cap sur les États-Unis pendant la Grande Dépression. Le Monopoly n'était pas toujours ce jeu de capitalisme sauvage que vous connaissez. À l'origine, il était conçu pour enseigner les principes de l'économie et de la propriété. Assez ironique, n'est-ce pas ?

Allons maintenant en France pour jouer aux "Petits chevaux". Ce jeu vous emmènera dans une course folle autour d'un plateau. Et la chance y joue un grand rôle, alors ne vous énervez pas si vous perdez !

Vous aimez les jeux de plateau avec des cases et des pions ? Alors le jeu de dames est fait pour vous ! Bien qu'il ressemble aux échecs, ses règles sont complètement différentes et il existe de nombreuses variantes dans le monde.

Retour en Inde pour un jeu royal : le Pachisi. Ce jeu ancestral était tellement prisé par les rois qu'ils y jouaient sur de grands tableaux au sol, avec des servantes comme pions !

Les osselets, souvent faits d'os ou de pierres, sont un jeu d'adresse que vous trouverez dans de nombreuses cultures. C'est une façon amusante de tester votre dextérité.

"Puissance 4" est un combat acharné où chaque joueur tente d'aligner quatre de ses jetons en premier. Un jeu de stratégie pur et dur !

Le "Sept familles" est un autre bijou français. Qui n'aime pas rassembler des familles comme la famille "Boulanger" ou "Roi" ?

Ensuite, nous avons le "Shogi", les échecs japonais. Ce jeu a une particularité étonnante : vous pouvez utiliser les pièces que vous capturez contre votre adversaire !

La "Bataille navale" est votre chance de devenir un véritable amiral. Plongez dans un duel aquatique stratégique où vous essayez de couler la flotte de votre adversaire.

Le "Mahjong" est bien plus qu'un jeu solitaire sur ordinateur. En réalité, c'est un jeu de groupe passionnant qui vient de Chine.

La "Belote", très populaire en France, est un jeu de cartes pour quatre joueurs qui requiert une bonne coopération avec votre partenaire. Vous êtes prêts à faire équipe ?

Le "Backgammon" est l'un des jeux les plus anciens du monde, remontant à 5000 ans en Mésopotamie. Parlez d'un jeu qui a résisté à l'épreuve du temps !

"Uno" est un jeu moderne où vous devez vous débarrasser de toutes vos cartes en suivant la couleur ou le numéro de la carte précédente. Simple mais addictif !

Le "Domino" est un autre jeu ancien, venant de Chine au 13ème siècle. C'est une chaîne de réactions en puissance !

"Jenga" teste vos nerfs et votre dextérité. Retirez les blocs en bois sans faire tomber la tour, et vous serez le champion !

"Carcassonne" vous permet de construire votre propre paysage médiéval avec des tuiles. Chaque partie est une nouvelle aventure !

Enfin, le "Tarot" est plus qu'un simple jeu de cartes. En France, il est très populaire et se joue avec un ensemble de cartes spécial. Mais attention, il est aussi utilisé pour la divination !

Les héros de la résistance

Jean Moulin. Cet homme courageux a unifié les mouvements disparates de la Résistance sous une seule bannière, devenant ainsi une épine dans le pied de la Gestapo. Tragiquement, il a été trahi et capturé, mais son héritage demeure impérissable.

Passons à une femme extraordinaire : Simone Veil. Survivante de la Shoah, elle a transformé sa douleur en force, devenant une avocate infatigable des droits des femmes en France. Elle a joué un rôle clé dans la légalisation de l'avortement, changeant ainsi la vie de millions de femmes.

Le groupe Manouchian, un ensemble hétérogène composé principalement d'immigrants, a fait preuve d'un courage inouï en sabotant les opérations nazies à Paris. Leur diversité était leur force, leur unité leur bouclier.

Lucie Aubrac, une enseignante de métier, a prouvé que l'amour peut triompher de la haine. Avec une planification minutieuse, elle a orchestré l'évasion de son mari Raymond des griffes de la Gestapo en 1943. Une véritable épopée d'amour et de résistance.

Joachim Roncin a cristallisé l'esprit de résistance moderne avec son slogan "Je suis Charlie" après l'attentat contre Charlie Hebdo en 2015. Ce simple slogan est devenu un cri de ralliement contre l'intolérance et pour la liberté d'expression.

Le réseau Shelburn est un autre chapitre fascinant de cette histoire. Ce groupe a aidé plus de 130 aviateurs alliés à échapper à l'occupation nazie. Une opération audacieuse qui a sauvé de nombreuses vies.

Andrée Borrel, une parachutiste intrépide, a été l'une des premières femmes à être envoyée en France occupée. Capturée et exécutée par les nazis, elle a cependant laissé une marque indélébile dans l'histoire de la Résistance.

Germaine Tillion, une ethnologue, a utilisé son savoir-faire pour documenter les atrocités commises par les nazis. Elle a survécu à l'horreur des camps de concentration et est devenue une voix majeure pour les droits de l'homme.

Le colonel Fabien, de son vrai nom Pierre Georges, a marqué le début des actions armées de la Résistance en exécutant un officier allemand dans le métro parisien. Un acte qui a inspiré de nombreux résistants.

Dans le village de Le Chambon-sur-Lignon, le pasteur André Trocmé et sa communauté ont sauvé des milliers de Juifs de la déportation. Un acte héroïque de compassion et de résistance collective.

N'oublions pas Nancy Wake, une espionne et résistante d'origine néo-zélandaise qui a été l'une des femmes les plus décorées de la Seconde Guerre mondiale. Elle est devenue une légende en France sous le nom de "La Souris Blanche".

Rose Valland est une autre femme incroyable qui a joué un rôle clé pendant la guerre. Historienne de l'art, elle a travaillé secrètement pour documenter les œuvres d'art volées par les nazis. Grâce à son courage, d'innombrables trésors ont été restitués à leurs propriétaires légitimes.

Découvrez le groupe des 23 de Grenoble, une bande d'étudiants qui, armés de simples tracts et de leur courage, ont décidé de résister à la propagande nazie. Bien qu'ils aient été arrêtés et exécutés, leur message de résistance a été entendu par des milliers de personnes.

Puis il y a Joséphine Baker, une artiste américaine qui a adopté la France comme sa patrie. Durant la guerre, elle a utilisé sa carrière comme couverture pour espionner les nazis, démontrant que la résistance peut prendre de nombreuses formes.

Louis Aragon, l'écrivain et poète, a lui aussi joué un rôle dans la Résistance. Ses œuvres ont servi de source d'inspiration et de moral pour ceux qui se battaient contre l'occupation. Son poème "Strophes pour se souvenir", en particulier, est devenu un hymne pour le groupe Manouchian.

Pénélope Aubin, journaliste et écrivaine, a également été une actrice majeure de la Résistance. En utilisant sa plume comme arme, elle a écrit des articles clandestins qui ont galvanisé la population française contre l'occupation.

Franceska Mann, une danseuse polonaise, a montré une bravoure incroyable lorsqu'elle a attaqué un garde SS dans le camp d'Auschwitz, démontrant que même dans les conditions les plus terribles, l'esprit humain peut s'élever contre l'oppression.

Jean-Pierre Levy, un leader de la Résistance française, a fondé le mouvement "Franc-Tireur" qui a été l'un des premiers à s'organiser en réseau. Ses actions ont inspiré d'autres groupes à suivre son exemple, unifiant ainsi la résistance contre l'ennemi.

Découvrez l'histoire de Mathilde Carre, une figure controversée qui a d'abord travaillé pour la Résistance avant de devenir une double agente pour les nazis. Son histoire montre la complexité et les dilemmes moraux auxquels de nombreuses personnes ont été confrontées pendant la guerre.

Et enfin, honorons la mémoire de Boris Vildé, un ethnographe et résistant qui a été parmi les premiers à être exécutés pour ses actions contre le régime nazi. Bien qu'il ait payé le prix ultime, son courage et son sacrifice continuent d'inspirer les nouvelles générations.

Les phénomènes climatiques

Premier arrêt : l'océan Pacifique équatorial, où nous rencontrerons l'El Niño. Ce personnage capricieux réchauffe les eaux de l'océan et crée un chaos climatique dans le monde entier, de la sécheresse en Australie aux inondations en Amérique du Sud. Mais attention, sa sœur jumelle, La Niña, n'est pas moins intrigante. Elle fait tout le contraire, refroidissant les eaux et chamboulant le climat à sa manière.

Ensuite, nous nous dirigerons vers les régions polaires pour assister à un spectacle lumineux époustouflant : les aurores boréales. Ces lumières dansantes sont créées par l'interaction entre les particules solaires et l'atmosphère terrestre. Un véritable ballet cosmique !

Puis, cap sur la ceinture de tornades des États-Unis, où les tornades, ces colonnes d'air en rotation, font partie du paysage. Ces géants de vent sont classés sur l'échelle de Fujita, qui mesure leur puissance destructrice. Accrochez-vous, ça va secouer !

Pour changer d'atmosphère, direction l'Asie du Sud-Est pour vivre la mousson. Ce phénomène est comme un immense souffle qui apporte des pluies diluviennes, transformant des paysages arides en lacs et rivières.

En parlant d'eau, savez-vous ce qu'est un cyclone tropical ? Appelés ouragans ou typhons selon leur localisation, ces monstres tourbillonnants peuvent dévaster tout ce qui se trouve sur leur passage. Leur force est mesurée en km/h, et ils sont loin d'être des vents à prendre à la légère.

Ah, les vagues de chaleur ! Qui aurait cru que de simples températures élevées pourraient causer autant de ravages, des sécheresses aux incendies de forêt ?

Mais attention, le climat a aussi ses petits secrets, comme les micro-rafales. Ces courants d'air descendants peuvent causer autant de dégâts que des tornades, mais sur une zone plus étendue. Un vrai coup de poing de la nature !

Et que diriez-vous de pluies acides, de blizzards, de tsunamis et même de pluies de poissons ? Oui, vous avez bien entendu, des poissons qui tombent du ciel ! La météo a bien plus d'un tour dans son sac.

Ah, la brume de mer, ce voile mystérieux qui enveloppe les côtes comme dans un roman de Sir Arthur Conan Doyle ! Saviez-vous qu'elle est composée de minuscules gouttelettes d'eau de mer ? Un brouillard salé qui ajoute une touche d'énigme à nos explorations maritimes.

Les dolines, ces formations géologiques qui semblent avaler la terre, sont comme des portes vers un autre monde. Certaines sont si profondes qu'elles pourraient engloutir des immeubles entiers. Un abîme naturel qui donne des frissons dans le dos, n'est-ce pas ?

Parlons du lac Baïkal en Sibérie, le lac le plus profond et le plus ancien du monde. Il détient environ 20 % de l'eau douce non gelée de la Terre. C'est comme si la planète gardait son trésor le plus précieux bien caché dans ce coin reculé.

Imaginez le pouvoir du feu et de la glace réunis. En Islande, les volcans et les glaciers cohabitent, créant un paysage digne d'un film de science-fiction. La terre gronde et la glace fond, dans une danse éternelle entre deux éléments opposés.

Ah, les sables mouvants ! Ce piège naturel qui a terrorisé tant de héros de films d'aventure est en réalité un mélange de sable, d'eau, d'argile et de matière organique. Un cocktail dangereux qui peut avaler des objets en un clin d'œil !

Le vent solaire, cette pluie de particules chargées éjectées par le Soleil, est capable de perturber nos systèmes de communication. Imaginez des milliards de minuscules archers, tirant leurs flèches invisibles à travers l'espace.

Les geysers, ces jets d'eau chaude qui jaillissent de la terre, sont des merveilles géothermiques. Le Grand Geyser en Islande peut projeter de l'eau à une hauteur de 70 mètres ! C'est comme si la Terre elle-même soufflait des bulles géantes.

Passons à un mystère météorologique : les sphères de feu, ou foudre en boule. Ce phénomène rare apparaît pendant les orages et se déplace en défiant les lois de la gravité. Un véritable OVNI électrique !

Et que pensez-vous des nuages mammatus, ces amas de nuages qui ressemblent à des poches suspendues dans le ciel ? Ils sont souvent le présage de tempêtes violentes. C'est comme si le ciel lui-même nous envoyait un avertissement.

Les pluies rouges, ces précipitations teintées qui semblent sorties d'un film d'horreur, sont en fait causées par des micro-organismes ou des particules en suspension. Une pluie qui, au lieu de laver, tache tout sur son passage.

Fruits et légumes exotiques

Notre première escale nous emmène en Amérique centrale à la rencontre du fruit du dragon. Imaginez un fruit rose flamboyant avec des écailles vertes, contenant une chair douce et blanche parsemée de graines noires. Ses antioxydants sont comme des petits soldats prêts à combattre les radicaux libres dans votre corps.

Ensuite, direction l'Asie du Sud-Est pour rencontrer le roi et la reine des fruits : le durian et le mangoustan. Le durian dégage une odeur si puissante qu'il est interdit dans certains lieux publics, mais sa chair crémeuse est un véritable délice pour ceux qui osent le goûter. Le mangoustan, avec sa robe violette et sa chair blanche, est l'antithèse parfaite du durian.

Mais attendez, il y a plus ! Avez-vous déjà vu un litchi poilu ? Le ramboutan est exactement cela, et sa chair juteuse est une explosion de vitamine C en bouche.

En Amérique du Sud, nous trouvons le tamarillo, une tomate exotique qui peut être rouge, orange ou jaune. Sa chair est un mélange sublime de douceur et d'acidité.

Prenons un moment pour saluer le salak d'Indonésie, surnommé le "fruit serpent" pour sa peau écailleuse. Son goût ? Un mélange entre la pomme, l'ananas et le citron.

Mais si vous pensez que ces fruits sont étranges, attendez de rencontrer le fruit du jaquier, le plus gros fruit du monde, pouvant peser jusqu'à 40 kg ! Sa chair jaune sucrée est si polyvalente qu'elle peut être utilisée dans des plats sucrés et salés.

Et que dire de la carambole, ce fruit étoilé qui brille de mille feux dans votre assiette, riche en vitamines et minéraux ?

Nous ne pouvons pas finir ce voyage sans mentionner le jicama du Mexique, souvent mangé cru avec un peu de chili et de citron, et la baie de Goji de Chine, un super aliment riche en antioxydants.

Les grands artistes et leurs chefs-d'œuvre

Commençons par Claude Monet, le pionnier de l'impressionnisme. Saviez-vous que ce grand artiste avait une vue défaillante ? En effet, certains experts pensent que sa cataracte a influencé son style unique, donnant à ses célèbres nénuphars cette qualité floue et irréelle.

Puis, il y a Georges Seurat, l'inventeur du pointillisme. Imaginez-vous en train de poser des milliers de petits points de couleur sur une toile, créant une image qui n'apparaît que lorsque vous vous éloignez. Son œuvre "Un dimanche après-midi à l'Île de la Grande Jatte" est un exemple parfait de cette technique.

Ah, Salvador Dalí ! Qui peut oublier ses horloges fondantes dans le tableau "La Persistance de la mémoire" ? C'est une invitation à réfléchir sur la nature du temps lui-même.

Et venant du Japon, nous avons Katsushika Hokusai. Sa "Grande Vague de Kanagawa" est une image si puissante qu'elle a inspiré des artistes et des designers du monde entier.

Georgia O'Keeffe, la "Mère de l'art américain moderne", est surtout connue pour ses fleurs gigantesques et ses paysages du Nouveau-Mexique. Ses œuvres vous font voir le monde d'une manière que vous n'aviez jamais envisagée.

M.C. Escher, lui, joue avec votre esprit. Ses dessins, comme "Relativité", mettent en scène des personnes qui défient les lois de la gravité, marchant dans toutes les directions possibles.

René Magritte, avec son œuvre "Ceci n'est pas une pipe", nous rappelle que l'art n'est pas toujours ce qu'il semble être. C'est une réflexion profonde sur la réalité et la perception.

Quant à Andy Warhol, il a réussi à transformer des images populaires, comme celle de Marilyn Monroe, en art. Son "Marilyn Diptych" est une icône de la culture populaire.

Edvard Munch et son tableau "Le Cri" capturent parfaitement l'angoisse humaine. C'est une œuvre qui vous attire et vous hante longtemps après l'avoir vue.

Yayoi Kusama, l'artiste japonaise, vous invite dans un monde plein de pois. Ses installations immersives sont une expérience en soi, vous enveloppant dans un univers de motifs et de couleurs.

Ah, Banksy, l'artiste de rue anonyme dont les œuvres sont aussi provocantes qu'elles sont éphémères. Ses dessins dans les rues du monde entier nous font réfléchir sur notre société.

Ah, Vincent van Gogh, l'artiste tourmenté qui a créé certaines des œuvres les plus emblématiques de l'histoire de l'art. "La Nuit étoilée" est comme une fenêtre ouverte sur son âme, avec ses tourbillons de lumière et de couleur.

Pablo Picasso, le maître du cubisme, qui nous a montré que la réalité peut être décomposée en formes et angles. Son œuvre "Guernica" est un cri déchirant contre la brutalité de la guerre.

Frida Kahlo, cette artiste mexicaine, est une icône du féminisme et de la résilience. Chacun de ses autoportraits est une page intime de son journal de vie, remplie de douleur et de passion.

Jackson Pollock, l'inventeur du "dripping", cette technique qui consiste à laisser tomber la peinture sur la toile. Ses œuvres sont comme des cartes de son subconscient, chaotiques mais fascinantes.

Pieter Bruegel l'Ancien, qui nous donne un aperçu de la vie quotidienne de l'époque médiévale. Son "Repas de noces" est une véritable scène de genre, où chaque personnage a sa propre histoire à raconter.

Keith Haring, avec son art de rue et ses icônes pop, a apporté l'art aux masses. Ses dessins simplistes mais expressifs sont une ode à la diversité et à l'inclusion.

Jean-Michel Basquiat, dont les œuvres sont un mélange explosif de texte, de symboles et de couleurs. Son style brut et son engagement social ont laissé une empreinte indélébile sur le monde de l'art contemporain.

Léonard de Vinci, non seulement un artiste mais aussi un inventeur, un scientifique et un penseur. "La Joconde" avec son mystérieux sourire continue de captiver les millions de visiteurs qui se rendent au Louvre chaque année.

Henri Rousseau, un douanier de métier mais un artiste de cœur. Son tableau "Le Rêve" est une jungle luxuriante remplie de mystère et d'exotisme, une véritable évasion dans un autre monde.

Enfin, Marc Chagall nous emmène dans un monde où le rêve et la réalité se confondent, ses œuvres étant un mélange vibrant de son enfance en Biélorussie et de son imagination débordante.

La vie des samouraïs

Imaginez-vous portant une armure conçue pour ressembler à un papillon, croyant que cette apparence pourrait distraire ou même intimider vos ennemis. Plutôt astucieux, n'est-ce pas ?

Même leur sourire était un signe de statut, avec des dents laquées en noir, une mode que nous pourrions trouver étrange aujourd'hui mais qui était un signe de beauté et de sophistication à l'époque.

Leurs épées, les katanas, étaient considérées comme des âmes vivantes, forgées avec une précision et une attention extrême. Ce n'était pas juste une arme, c'était une extension d'eux-mêmes.

Mais ne croyez pas que les samouraïs étaient uniquement des guerriers. Ils étaient souvent éduqués dans les arts, comme la poésie et la calligraphie, reflétant une profondeur et une sensibilité que l'on ne pourrait pas soupçonner à première vue.

Et oui, il y avait des femmes samouraïs, appelées onna-bugeisha. Ces femmes formidables prenaient les armes et défendaient leurs maisons en l'absence de leurs maris, prouvant que le courage et l'honneur n'étaient pas réservés aux hommes.

Vous vous demandez pourquoi leurs coiffures étaient si élaborées ? C'était pour que leur casque s'adapte parfaitement pendant les batailles. Chaque détail avait son importance, même les cheveux.

Le thé avait aussi une grande importance. La cérémonie du thé était une forme d'art et de méditation, un moment de calme et de réflexion au milieu du chaos de la vie de guerrier.

Quant aux masques effrayants qu'ils portaient, les mempo, ils étaient conçus pour terroriser l'ennemi tout en offrant une protection essentielle contre les projectiles.

En temps de paix, ces guerriers se transformaient en agriculteurs, sans jamais perdre leur statut et leurs privilèges. C'était une vie d'équilibre, entre l'art de la guerre et l'art de la paix.

Le code du Bushido, "La Voie du Guerrier", guidait chaque aspect de leur vie, insistant sur des valeurs comme l'honneur, la loyauté et le courage. C'était le pilier moral qui soutenait leur existence.

Et que diriez-vous de participer à un duel poétique avant un véritable duel à l'épée ? C'était une manière raffinée d'exprimer le respect mutuel et le niveau d'éducation entre deux adversaires.

Vous avez déjà entendu parler des ninjas, ces espions et assassins du Japon féodal ? Beaucoup de gens pensent qu'ils étaient comme des samouraïs, mais non ! Les ninjas avaient leur propre ensemble de compétences, et ils étaient souvent considérés comme les adversaires des samouraïs, agissant dans l'ombre.

Les samouraïs étaient aussi des adeptes du zen, une forme de bouddhisme qui les aidait à rester concentrés et calmes, même au cœur de la bataille. Imaginez méditer tranquillement tout en sachant que vous pourriez être appelé à combattre à tout moment !

Vous aimez les animaux ? Les samouraïs aussi ! Ils avaient souvent des faucons ou des aigles comme compagnons pour la chasse. Ces oiseaux de proie n'étaient pas seulement utiles pour attraper du gibier, mais ils étaient aussi des symboles de statut.

Leurs armures étaient souvent ornées de symboles et de mons, des emblèmes familiaux, qui étaient comme leur propre marque de fabrique. Vous pouviez dire à quelle famille appartenait un samouraï rien qu'en regardant les détails de son armure.

Les samouraïs utilisaient une forme unique de tir à l'arc, appelée kyūdō, ou "la voie de l'arc". Ils tiraient même leurs flèches tout en étant à cheval, ce qui demandait une habileté et une précision incroyables.

La philosophie du "Iaido" est tout aussi fascinante. C'est l'art de dégainer le sabre rapidement pour trancher son ennemi en un seul mouvement, puis de rengainer le sabre avec la même fluidité. Tout un art !

Certains samouraïs étaient aussi des adeptes du "noh", un type de théâtre japonais. Ils ne se contentaient pas seulement de regarder les pièces, mais certains étaient également des acteurs et des mécènes de ce genre artistique.

Les samouraïs avaient un régime alimentaire très spécifique pour rester en forme. Ils mangeaient principalement du riz, des légumes et du poisson, évitant la viande pour des raisons religieuses et éthiques.

Vous avez déjà vu ces bannières que portent les samouraïs sur le dos, appelées "sashimono" ? Elles servaient à identifier les soldats sur le champ de bataille, un peu comme les drapeaux dans les armées modernes.

Monuments historiques

La Tour Eiffel fut construite par Gustave Eiffel et son équipe pour l'Exposition universelle de Paris de 1889, commémorant le centenaire de la Révolution française. Haute de 324 mètres, elle était initialement prévue pour être démantelée après 20 ans, mais sa valeur en tant qu'antenne de télécommunication a assuré sa survie.

La Grande Muraille de Chine s'étend sur plus de 21 000 kilomètres, bien que les sections préservées totalisent environ 6 000 kilomètres. Commencée au 7ème siècle av. J.-C., sa construction s'est poursuivie jusqu'au 17ème siècle afin de protéger la Chine contre les invasions.

Stonehenge, situé dans le Wiltshire, au Royaume-Uni, a été construit entre 3000 et 2000 av. J.-C. Ses pierres massives, certaines pesant jusqu'à 25 tonnes, ont été transportées sur des distances allant jusqu'à 240 kilomètres, un exploit logistique remarquable pour l'époque.

Le Parthénon, érigé en 447 av. J.-C. sur l'Acropole d'Athènes, était dédié à la déesse Athéna. Ce chef-d'œuvre de l'architecture dorique a été partiellement détruit en 1687 lorsqu'un dépôt de munitions à l'intérieur a explosé pendant le siège vénitien d'Athènes.

L'Alhambra, située à Grenade en Espagne, est un complexe de palais et de forteresses construit principalement entre 1238 et 1358. Ce monument est célèbre pour ses détails architecturaux islamiques exquis, ses cours intérieures et ses fontaines.

Le Mont Saint-Michel est une île commune en Normandie, célèbre pour son abbaye bénédictine. Connue pour être accessible à pied à marée basse, elle attire chaque année plus de trois millions de visiteurs.

Notre-Dame de Paris, achevée en 1345 après près de 200 ans de construction, est un exemple emblématique de l'architecture gothique. Elle a subi un incendie dévastateur en avril 2019, qui a détruit sa flèche et son toit, mais des efforts de restauration sont en cours.

La Sagrada Familia à Barcelone, œuvre inachevée de l'architecte Antoni Gaudí, est en construction depuis 1882. Elle est financée exclusivement par des dons privés et l'entrée des visiteurs, avec une date d'achèvement prévue en 2026, marquant le centenaire de la mort de Gaudí.

Le Palais des Doges, situé à Venise, a été la résidence des Doges, les dirigeants de la République de Venise, et a été construit principalement au 14ème siècle. Sa conception mêle influences gothiques et byzantines, reflétant le statut de Venise en tant que puissance maritime majeure de l'époque.

L'Opéra de Sydney, conçu par l'architecte danois Jørn Utzon et inauguré en 1973, est l'un des bâtiments du 20ème siècle les plus distinctifs et célèbres. Son coût a été plus de 14 fois supérieur au budget initial, mais il est désormais reconnu comme une icône architecturale mondiale.

Le Château de Neuschwanstein en Bavière, Allemagne, a été construit par le roi Louis II de Bavière en 1869. Conçu comme un refuge personnel plutôt qu'une forteresse, il a inspiré le château de la Belle au Bois Dormant de Disneyland.

Le Christ Rédempteur, une statue de 30 mètres de haut située au sommet du mont Corcovado à Rio de Janeiro, a été achevée en 1931. Elle est construite en béton armé et recouverte de milliers de triangles de pierre savonneuse.

La Tour de Pise, célèbre pour son inclinaison, a commencé à pencher pendant sa construction au 12ème siècle en raison d'un sol instable. Son inclinaison a été partiellement corrigée au 20ème siècle, assurant sa stabilité pour les générations à venir.

Le Pont Charles à Prague a été construit au 14ème siècle sous le règne de l'empereur Charles IV. Doté de statues baroques et de trois tours de garde, c'est l'un des ponts les plus célèbres d'Europe.

Le Burj Khalifa à Dubaï, achevé en 2010, est le plus haut bâtiment du monde avec une hauteur de 828 mètres. Il a nécessité 22 millions d'heures de travail et a coûté environ 1,5 milliard de dollars à construire.

L'Acropole d'Athènes, datant du 5ème siècle av. J.-C., abrite des structures telles que le Parthénon et l'Érechthéion. Il a servi de forteresse, de sanctuaire religieux et est aujourd'hui l'un des sites archéologiques les plus visités au monde.

Angkor Wat au Cambodge, construit au 12ème siècle par le roi Suryavarman II, est le plus grand complexe religieux du monde. Initialement dédié au dieu hindou Vishnu, il a été converti en un site bouddhiste au 14ème siècle.

Hagia Sophia à Istanbul a été construite en 537 sous l'empereur byzantin Justinien Ier. Elle a servi de cathédrale, de mosquée et est maintenant un musée, témoignant de la riche histoire religieuse et architecturale de la région.

Le Kremlin de Moscou, un complexe fortifié au cœur de la ville, a été la résidence des tsars et est maintenant le siège du gouvernement russe. Ses murs ont été construits au 15ème siècle et le complexe abrite plusieurs cathédrales et palais.

Les Moaï de l'Île de Pâques, construits par le peuple Rapa Nui entre 1250 et 1500, sont des statues monolithiques pesant jusqu'à 82 tonnes. Leur construction et leur transport restent un mystère pour les chercheurs.

La Cité Interdite à Pékin, construite de 1406 à 1420, a été le palais impérial des empereurs Ming et Qing. Avec plus de 980 bâtiments, elle constitue le plus grand ensemble de structures en bois préservées au monde.

Faune sauvage

L'Éléphant d'Afrique, par exemple, est souvent qualifié de "jardinier de la forêt" car il contribue à semer des graines sur de grandes distances. Sa mémoire est si remarquable qu'il peut se rappeler des points d'eau même durant les saisons de sécheresse les plus extrêmes. Mais cette mémoire collective est menacée par le braconnage, qui vise leurs précieuses défenses d'ivoire.

Le Lion, ce majestueux carnivore, est connu pour son rugissement qui peut être entendu jusqu'à 8 km de distance. Ce n'est pas seulement un appel à la chasse, mais aussi une déclaration territoriale. La couleur et la densité de la crinière d'un mâle peuvent même révéler son état de santé et son âge.

Le Guépard, cette formule 1 du règne animal, peut atteindre des vitesses allant jusqu'à 112 km/h en seulement quelques secondes. Pourtant, ce sprinteur né doit se reposer après chaque course épuisante, rendant sa proie vulnérable aux voleurs comme les hyènes ou les lions.

Le Rhinocéros noir, malgré sa taille imposante, a une vue assez limitée, ne dépassant pas 30 mètres. Il compense cela avec un odorat et une ouïe très développée. Sa corne, faite de kératine, est malheureusement très prisée sur le marché noir.

La Girafe, ce gratte-ciel vivant, a un cœur qui pèse jusqu'à 11 kg afin de pouvoir pomper le sang jusqu'à son cerveau, à une hauteur de près de 6 mètres. Ce n'est pas une mince affaire!

Le Zèbre, avec ses rayures distinctives, crée une illusion d'optique en groupe, rendant difficile pour les prédateurs de cibler un individu lors de la chasse. Chaque zèbre a un ensemble unique de rayures, comme des empreintes digitales humaines.

Le Gorille de montagne, ce cousin éloigné, utilise une série de grognements, de hurlements et même de mimiques faciales pour communiquer au sein de son groupe. Il est incroyablement sociable et vit dans des familles dirigées par un mâle argenté dominant.

L'Hippopotame, malgré son apparence dodue et sa démarche lente, peut courir jusqu'à 25 km/h et est incroyablement territorial. Il tue plus d'humains chaque année que n'importe quel autre grand mammifère en Afrique.

Le Crocodile du Nil, ce prédateur préhistorique, a une morsure qui peut exercer une pression de près de 3700 livres par pouce carré (psi), capable de broyer des os comme du verre.

Le Suricate, ce petit mammifère, vit en colonies et utilise un système de surveillance sophistiqué, où les membres se relaient pour garder le guet. Leur système de communication est si complexe qu'il inclut même des "mots" spécifiques pour différents types de prédateurs.

Le Fennec, ce renard des sables, a des oreilles démesurées qui lui servent non seulement à capter les sons à des kilomètres de distance, mais aussi à dissiper la chaleur dans le désert brûlant. Il est comme un radar vivant, à l'écoute du moindre danger.

Le Diable de Tasmanie, malgré son nom effrayant, est un marsupial nocturne qui peut émettre des hurlements terrifiants pour éloigner les prédateurs. Mais en réalité, c'est un animal plutôt timide qui préfère la fuite au combat.

L'Okapi, ce parent mystérieux de la girafe, se cache dans les forêts denses d'Afrique centrale. Ses rayures sur les jambes le font souvent confondre avec le zèbre, mais c'est un excellent moyen de camouflage dans son environnement forestier.

Le Narval, souvent surnommé la "licorne des mers", est célèbre pour sa longue dent en spirale qui peut mesurer jusqu'à 3 mètres. Cette "corne" est en réalité une dent très sensible qui lui permet de détecter les changements dans son environnement marin.

Le Kakapo, ce perroquet néo-zélandais, est une espèce en danger critique d'extinction. Malgré sa capacité à imiter des sons complexes, y compris des bruits mécaniques, il est malheureusement incapable de voler.

Le Lamantin, ce "vache de mer", est un herbivore paisible qui passe la majeure partie de sa vie à brouter des plantes aquatiques. Contrairement à ce que l'on pourrait penser, il est assez agile dans l'eau, grâce à sa nageoire caudale puissante.

La Fourmi balle de fusil, vivant dans les forêts tropicales, possède l'une des piqûres les plus douloureuses du règne animal. La douleur est si intense qu'elle est comparée à celle d'une balle de fusil, d'où son nom.

L'Araignée paon, petite mais colorée, est connue pour sa parade nuptiale spectaculaire où le mâle déploie ses couleurs vives pour attirer une partenaire. C'est comme une danse de séduction en pleine nature.

Le Caméléon panthère, originaire de Madagascar, peut changer la couleur de sa peau pour communiquer son humeur, réguler sa température ou se camoufler. C'est un véritable caméléon dans tous les sens du terme!

Le Paresseux à trois doigts, cet animal lent par excellence, se déplace si lentement que des algues poussent sur son pelage, lui offrant un camouflage naturel. Mais ne vous y trompez pas, sa lenteur est une stratégie de survie pour passer inaperçu aux yeux des prédateurs.

Voyages en ballon et dirigeables

Le premier vol en ballon à air chaud par les frères Montgolfier en 1783 n'était pas seulement une prouesse technique, mais aussi un moment charnière dans la perception de l'homme sur ses propres limites. Ce vol de 10 minutes, parcourant 2 km, a changé à jamais notre relation avec le ciel.

Le Zeppelin, ce chef-d'œuvre d'ingénierie du début du XXe siècle, incarnait la promesse et l'élégance de l'aviation. Il était aussi un symbole de luxe, avec des salons, des restaurants et même une salle de musique à bord. Cependant, la tragédie du Hindenburg en 1937, où l'hydrogène inflammable a causé un incendie mortel, a marqué un tournant, faisant place à l'hélium plus sûr.

La traversée de la Manche en 1785 par Jean-Pierre Blanchard et John Jeffries était une aventure périlleuse qui a captivé le monde. Ils ont même dû jeter leur ballast et leurs vêtements pour réussir la traversée !

Aujourd'hui, la technologie des ballons a considérablement évolué. Les nacelles sont désormais équipées d'instruments météorologiques, de GPS et de systèmes de communication sophistiqués. Les pilotes utilisent ces outils pour naviguer, exploitant les courants d'air à différentes altitudes pour changer de direction.

Les dirigeables modernes, avec leurs capacités de charge et leur faible impact environnemental, connaissent une renaissance. Ils sont envisagés pour diverses applications, du transport de marchandises au tourisme écologique. Le dirigeable pourrait bien redevenir un moyen de transport du futur.

Les festivals de montgolfières sont devenus de véritables fêtes célestes, où des ballons de toutes formes et de toutes tailles dansent dans le ciel. C'est un spectacle visuel époustouflant qui attire des milliers de personnes.

Les grands scientifiques

Isaac Newton, cet illustre physicien anglais, a formulé les lois fondamentales de la mécanique classique en s'inspirant d'une simple observation : une pomme tombant d'un arbre. Il a également jeté les bases du calcul, une branche des mathématiques qui est devenue essentielle dans presque tous les domaines de la science.

Marie Curie, cette femme pionnière, a bouleversé la physique et la chimie en découvrant le radium et le polonium. Elle a ouvert la voie à des avancées considérables en médecine et en énergie, mais elle a payé le prix fort, mourant d'une anémie aplastique, une maladie induite par les radiations.

Albert Einstein, l'enfant prodige allemand, nous a donné la théorie de la relativité. Il a révolutionné notre compréhension du temps, de l'espace et de la matière, allant jusqu'à prédire l'existence de phénomènes cosmiques extraordinaires comme les trous noirs.

Galilée, le père de l'astronomie moderne, a bravé la censure ecclésiastique pour valider la théorie héliocentrique de Copernic. Sa découverte des lunes de Jupiter a été une preuve directe que tout ne tourne pas autour de la Terre, un fait qui a finalement conduit à sa condamnation par l'Église.

Charles Darwin, l'aventurier de l'HMS Beagle, a changé à jamais notre compréhension de la vie sur Terre. Sa théorie de l'évolution par la sélection naturelle a été l'une des idées les plus révolutionnaires et les plus controversées de la science.

James Clerk Maxwell, le physicien écossais, a unifié les champs de l'électricité et du magnétisme en une seule théorie. Ses équations sont le fondement de tout, des technologies de communication modernes aux systèmes d'énergie.

Rosalind Franklin, souvent oubliée mais essentielle, a pris la fameuse "Photo 51" qui a permis la découverte de la structure de l'ADN. Elle est un exemple frappant du manque de reconnaissance que les femmes en science ont souvent subi.

Niels Bohr, ce génie danois, a été un pionnier dans le domaine de la mécanique quantique. Son modèle atomique a expliqué pourquoi les atomes n'implosent pas et comment ils émettent de la lumière.

Barbara McClintock, la généticienne audacieuse, a découvert les "gènes sauteurs", une découverte qui a été ignorée pendant des décennies avant d'être enfin reconnue et récompensée par un prix Nobel.

Alan Turing, le mathématicien et logicien anglais, a jeté les bases de l'informatique moderne et a aidé à mettre fin à la Seconde Guerre mondiale en décryptant la machine Enigma des Allemands. Il est également devenu un symbole du mouvement pour les droits des homosexuels après avoir été persécuté pour son orientation sexuelle.

Stephen Hawking, né en 1942 en Angleterre, est devenu une légende de la physique théorique malgré un diagnostic de sclérose latérale amyotrophique (SLA) qui l'a progressivement paralysé. Il est surtout connu pour ses travaux sur les trous noirs et la cosmologie, et son livre "Une brève histoire du temps" a rendu la science complexe accessible au grand public.

Ada Lovelace, née en 1815 en Angleterre, est souvent considérée comme la première programmeuse de l'histoire. Fille du poète Lord Byron, elle a collaboré avec Charles Babbage sur la "machine analytique", un dispositif mécanique destiné à exécuter des opérations mathématiques. Ada a vu le potentiel de la machine bien au-delà des calculs arithmétiques et a écrit le premier algorithme destiné à être exécuté par une telle machine.

Rachel Carson, née en 1907 aux États-Unis, était une biologiste marine et conservatrice dont le livre "Le Printemps silencieux" a été un catalyseur du mouvement environnemental moderne. Son travail a mené à une prise de conscience publique des dangers des pesticides chimiques et a finalement conduit à la création de l'Agence de protection de l'environnement des États-Unis (EPA).

André-Marie Ampère, né en 1775 en France, a posé les bases de l'électromagnétisme et de l'électrodynamique. Il est le premier à avoir démontré que deux fils parallèles traversés par un courant électrique s'attirent ou se repoussent mutuellement, une découverte qui a conduit à la définition de l'ampère, l'unité de mesure du courant électrique.

Srinivasa Ramanujan, né en 1887 en Inde, était un mathématicien autodidacte qui a fait d'énormes contributions à la théorie des nombres, des séries et des fonctions. Bien qu'il n'ait jamais reçu de formation formelle en mathématiques, son génie a été reconnu par les mathématiciens européens de l'époque, et il a été élu membre de la Royal Society de Londres.

Jane Goodall, née en 1934 au Royaume-Uni, est une primatologue et anthropologue qui a changé notre compréhension des chimpanzés. Elle a été la première à observer que les chimpanzés utilisent des outils, une caractéristique jusqu'alors considérée comme exclusivement humaine.

Cuisines du monde

La cuisine australienne est un mélange éclectique influencé par les traditions culinaires britanniques et méditerranéennes, ainsi que par la cuisine asiatique. Le "barbie", ou barbecue, est une institution, tout comme la Vegemite, une pâte à tartiner à base de levure.

La cuisine argentine est réputée pour sa viande de bœuf de haute qualité, souvent grillée au barbecue ou en "asado". Les empanadas, des chaussons fourrés, sont également un plat populaire, tout comme le dulce de leche, une confiture de lait.

La cuisine cubaine est un mélange de saveurs espagnoles, africaines et caribéennes. Le "ropa vieja", un plat de bœuf effiloché mijoté avec des légumes, est considéré comme un plat national. Les Cubains sont également friands de malanga, un tubercule local.

La cuisine polonaise est riche et copieuse, avec un grand usage de pommes de terre, de chou et de viandes. Le "pierogi", des sortes de raviolis, et la saucisse "kielbasa" sont des plats emblématiques. Le "barszcz", une soupe à la betterave, est souvent consommée pendant les fêtes.

La cuisine égyptienne, l'une des plus anciennes cuisines du Moyen-Orient, est simple mais savoureuse. Le "koshary", un plat de riz, de lentilles et de pâtes, est considéré comme le plat national. Le "ful medames", une purée de fèves, est un autre incontournable.

La cuisine philippine est un mélange fascinant d'influences malaises, chinoises, espagnoles et américaines. Le "adobo", un plat de viande marinée et mijotée dans une sauce soja et vinaigre, est populaire. Les "lumpias", des rouleaux de printemps, sont également très appréciés.

La cuisine népalaise est fortement influencée par ses voisins indiens et tibétains. Le "dal bhat", un plat de lentilles et de riz, est un aliment de base, souvent accompagné de légumes en curry et de "achar" (condiments).

La cuisine émiratie utilise abondamment l'agneau et le poulet, souvent mijotés avec des épices et servis avec du riz. Les fruits de mer, notamment les crevettes et les poissons, sont également populaires, tout comme le "shawarma", un sandwich à la viande grillée.

La cuisine norvégienne est fortement influencée par son environnement côtier. Le "klippfisk", une morue séchée, est un aliment de base, tout comme le "rakfisk", un poisson fermenté. Le "lefse", une sorte de pain plat à base de pommes de terre, est souvent consommé pendant les fêtes.

La cuisine libanaise est une symphonie de saveurs méditerranéennes et moyen-orientales. Le "hummus", cette purée de pois chiches, est un incontournable, tout comme le "taboulé", une salade de persil frais. Et n'oublions pas le "baklava", ce dessert feuilleté sucré au miel et aux noix.

La cuisine thaïlandaise est un équilibre délicat entre le sucré, le salé, l'acide et le pimenté. Le "pad thaï", ce plat de nouilles sautées, est mondialement connu. Le curry vert thaïlandais, quant à lui, est un mélange enivrant de lait de coco, de piments verts et de basilic.

La cuisine mexicaine est une explosion de saveurs et de couleurs. Les "tacos", ces tortillas garnies, sont aussi variés que délicieux. Et que dire du "guacamole", cette purée d'avocat relevée qui accompagne presque tous les plats?

La cuisine suédoise est souvent associée au "smörgåsbord", un buffet de divers plats froids. Le "gravlax", du saumon mariné, et les "köttbullar", ces fameuses boulettes de viande, sont des spécialités qui réchauffent le cœur.

La cuisine sénégalaise est riche en saveurs et en épices. Le "thieboudienne", un plat de poisson, de riz et de légumes, est souvent considéré comme le plat national. Le "yassa", un plat de poulet ou de poisson mariné dans une sauce citron-oignon, est aussi très prisé.

La cuisine grecque est un hommage à l'huile d'olive, aux herbes et aux légumes frais. La moussaka, ce gratin d'aubergines et de viande hachée, est un plat réconfortant. Les "souvlakis", des brochettes de viande, sont souvent dégustées en sandwich dans du pain pita.

La cuisine péruvienne est une fusion de traditions indigènes, européennes et asiatiques. Le "ceviche", du poisson cru mariné dans du jus de citron, est un plat emblématique. Le "lomo saltado", un sauté de bœuf aux légumes, reflète les influences chinoises.

La cuisine sud-africaine est un mélange de plusieurs cultures, des influences malaises aux traditions indigènes. Le "bobotie", un plat de viande hachée avec une couche de crème aux œufs, est un exemple fascinant de ce métissage.

La cuisine russe est plus que juste du "bortsch", cette soupe de betterave. Le "stroganov", du bœuf en sauce crémeuse, et les "pelmenis", des raviolis farcis à la viande, offrent un aperçu de la richesse culinaire du pays.

Phares et leur importance

Le phare d'Ar-Men en France est comme le super-héros des phares. Construire cette tour au milieu de la mer agitée a été une telle aventure qu'il a fallu près de 15 ans pour la terminer ! Par contre, le phare de Jeddah en Arabie Saoudite a décidé de grandir, grandir jusqu'à devenir le plus haut phare du monde avec une hauteur de 133 mètres. C'est presque comme empiler 26 girafes les unes sur les autres !

Mais attendez, les phares ne sont pas juste là pour faire joli ou battre des records. Certains servent de stations météo, d'autres sont comme des hôtels où vous pouvez passer la nuit. Avant, c'était le gardien du phare qui s'occupait de tout. Imaginez vivre tout seul dans un phare, veillant à ce que la lumière ne s'éteigne jamais. Aujourd'hui, grâce à la technologie, la plupart de ces phares fonctionnent tout seuls.

Si on remonte le temps, le tout premier phare connu, le phare d'Alexandrie en Égypte, était si incroyable qu'il a été listé comme l'une des Sept Merveilles du Monde Antique. Et vous savez quoi ? Le système de lentilles qui rend la lumière des phares si puissante a été inventé par un Français nommé Augustin-Jean Fresnel. C'est comme si quelqu'un avait trouvé un moyen de transformer une simple lampe de poche en un super-projecteur !

Et si on parle de choses effrayantes, certains phares sont censés être hantés. Des histoires racontent que les esprits des anciens gardiens reviennent pour vérifier que tout va bien. Creepy, non ? Mais d'un autre côté, ces tours isolées sont si belles que des artistes viennent des quatre coins du monde juste pour les peindre ou les photographier.

En Irlande, il y a un phare appelé Fastnet Rock. On l'appelle "le dernier phare d'Europe" parce que c'est la dernière chose que vous voyez quand vous quittez le continent pour aller en Amérique. C'est un peu comme dire au revoir à un vieil ami.

Les phares ont aussi été témoins de grands moments de l'histoire. Ils ont servi de repères lors de batailles navales et ont même aidé des avions en détresse pendant les guerres. Malgré les progrès de la technologie, comme le GPS, les phares continuent de jouer un rôle crucial, surtout dans les endroits où les gadgets modernes peuvent vous lâcher.

Chaque phare a une sorte de "signature lumineuse", un motif unique qui aide les marins à savoir lequel ils voient. C'est un peu comme une carte d'identité lumineuse ! Et ils ne sont pas seulement célèbres dans le monde réel, mais aussi dans les films et les livres où ils symbolisent souvent l'espoir et la constance.

Les phares ont également leurs légendes et mythes. Prenons le phare du Minou en Bretagne, qui a une petite statue de chat à son pied. La légende dit que ce chat porte bonheur aux marins qui passent près du phare. C'est comme un talisman de protection en pleine mer !

Certains phares ont même eu un rôle dans des sauvetages héroïques. Le phare de Skerryvore en Écosse, par exemple, a aidé à guider un navire en détresse pendant une tempête terrible, sauvant ainsi des vies qui auraient été perdues dans les eaux déchaînées.

En parlant de tempêtes, vous serez étonnés d'apprendre que le phare de Bell Rock en Écosse est construit sur un rocher qui est submergé à marée haute ! Les constructeurs devaient travailler contre la montre à chaque marée basse pour le bâtir. Parler d'un défi !

Et si vous aimez les énigmes, le phare d'Eilean Mor en Écosse est enveloppé dans un mystère. En 1900, les trois gardiens du phare ont disparu sans laisser de trace. Le journal de bord a décrit des tempêtes étranges, mais aucun autre signe n'a été trouvé. Le mystère reste non résolu à ce jour.

Les phares ne sont pas seulement des tours de pierre ou de métal; certains sont faits de bois, comme le charmant phare de Pachena Bay au Canada. Il a même une petite maisonnette à côté pour que le gardien puisse vivre avec sa famille. C'est presque comme une maison de poupée grandeur nature !

N'oublions pas les phares modernes, comme le phare de Jeddah, qui est non seulement le plus haut du monde, mais aussi entièrement fait de béton. C'est comme un géant des temps modernes qui veille sur les mers.

Certains phares ont même une seconde vie. Le phare de Gatteville en France a été transformé en musée où vous pouvez en apprendre plus sur la vie des gardiens de phare et sur l'histoire maritime de la région. Un vrai trésor pour les curieux !

Les phares sont également devenus des destinations touristiques prisées. Le phare de Byron Bay en Australie offre une vue imprenable sur l'océan et est un excellent point de vue pour observer les baleines pendant leur migration.

Au Japon, le phare d'Osezaki est considéré comme un endroit sacré, et de nombreux visiteurs viennent y prier pour la sécurité en mer. C'est un mélange fascinant de technologie et de spiritualité.

Le monde fascinant des insectes

Ah, les insectes ! Ces petites bêtes que l'on voit partout, du jardin à la forêt, et même dans nos maisons. Vous ne le croirez peut-être pas, mais il y a plus d'insectes sur Terre que d'étoiles dans notre galaxie ! Oui, vous avez bien entendu. Et ce n'est pas tout : on n'a même pas encore découvert tous les types d'insectes qui existent. C'est comme un immense trésor caché de la biodiversité.

Prenons les fourmis. Ces minuscules travailleuses sont de véritables fossiles vivants ! Elles étaient là bien avant les dinosaures et ont survécu à des cataclysmes qui feraient frémir même le plus courageux des super-héros.

En abordant les exploits remarquables de la nature, connaissez-vous les papillons monarques ? Ils parcourent des distances équivalentes à un humain marchant de Paris à Moscou. Le plus fou, c'est qu'ils font ce voyage sans GPS, sans carte, et sans même l'avoir fait avant.

Mais attendez, il y a encore plus étonnant ! Le bombardier, un petit insecte, possède sa propre version d'un jet super-puissant. Non, ce n'est pas un avion, mais quand il se sent en danger, il peut créer une petite explosion chimique pour repousser les méchants. C'est comme un super-héros en miniature !

Les insectes ne sont pas seulement des survivants ou des aventuriers, ils sont aussi de vrais artistes. Les lucioles, par exemple, font leur propre spectacle lumineux en été. Grâce à une réaction chimique dans leur ventre, elles scintillent dans le noir pour séduire leur futur partenaire. C'est comme un feu d'artifice naturel!

Et ce n'est pas tout ! Certains insectes sont aussi des architectes, des médecins et même des musiciens. Les abeilles solitaires font des maisons douillettes pour elles-mêmes, sans avoir besoin de partager avec une grande famille. Les termites, que beaucoup considèrent comme des démolisseurs, sont en réalité d'excellents jardiniers qui enrichissent le sol. Et les grillons, ah, ils font de la musique en frottant leurs pattes ensemble. C'est comme si chaque insecte avait son propre talent caché.

Ah, et avant d'oublier, certains insectes sont même nos alliés. L'abeille à miel, par exemple, nous donne du miel, ce sucré délice qui aide à soigner les maux de gorge. Les cochenilles, ces petits insectes, sont les stars de la mode et de la beauté, car ils produisent une teinture rouge utilisée dans les rouges à lèvres et les bonbons.

Les insectes sont même présents dans le monde du cinéma et de la littérature. Qui peut oublier "Le Petit Scarabée" de Kafka, qui nous fait réfléchir sur l'identité et la métamorphose, ou encore les fourmis du film d'animation "1001 pattes", qui nous apprennent des leçons sur le travail d'équipe et la persévérance ?

Il y a aussi des insectes qui sont d'excellents camoufleurs. Le phasme, par exemple, ressemble tellement à une brindille que vous pourriez le ramasser en pensant que c'est une vraie ! C'est comme un petit espion de la nature.

Et que dire de la cigale, cet insecte qui chante tout l'été ? Dans la fable de La Fontaine, elle est vue comme insouciante, mais saviez-vous que certaines espèces de cigales passent jusqu'à 17 ans sous terre pour émerger et vivre seulement quelques semaines ? C'est un cycle de vie qui force le respect.

Les coccinelles, ces petites bêtes à pois que l'on aime tant, sont de véritables guerrières dans le jardin. Elles chassent les pucerons et protègent vos plantes. La prochaine fois que vous en voyez une, sachez que vous avez une petite héroïne à vos côtés.

Les insectes ont même leur propre version de la vie en société. Pensez aux fourmis coupe-feuille qui cultivent leur propre nourriture en coupant des morceaux de feuilles pour faire pousser des champignons. C'est comme une petite ferme souterraine !

Les libellules, ces insectes aux ailes transparentes, sont parmi les plus anciens insectes volants. Elles étaient déjà là bien avant que les oiseaux ne prennent leur envol. En plus, elles sont d'excellentes chasseuses, capables de capturer des moustiques en plein vol.

Le ver luisant, ce petit insecte aux propriétés lumineuses, n'est pas seulement un spectacle pour les yeux. Son abdomen lumineux sert à attirer un partenaire, mais aussi à éloigner les prédateurs en mimant l'apparence d'autres insectes plus dangereux.

Histoire des Jeux olympiques

Imaginez un peu : il y a plus de 2500 ans, dans la Grèce antique, les premiers Jeux Olympiques étaient organisés. À cette époque, il n'y avait pas de gymnases high-techs ni de maillots de sport super élégants. Tout se passait à Olympie, un endroit sacré dédié à Zeus, le roi des dieux. Imaginez des hommes, et seulement des hommes (oui, les filles étaient exclues !), qui couraient pieds nus dans une simple course à pied. Pas de médailles en or, en argent ou en bronze, mais une couronne d'olivier pour le champion. Plutôt cool, non ?

Puis, un jour, les Jeux Olympiques ont disparu. Pourquoi ? Parce que l'Empire romain a changé de religion et a décidé que ces jeux étaient "païens". Il a fallu attendre presque 1500 ans pour qu'un Français nommé Pierre de Coubertin dise : "Eh bien, si c'était cool à l'époque, pourquoi ne pas le refaire ?" Et voilà, en 1896, les Jeux Olympiques modernes sont nés à Athènes !

Le marathon, ce super long sprint de 42 km, s'inspire d'un messager grec qui a couru sans s'arrêter pour annoncer une grande victoire. Et les cinq anneaux que vous voyez toujours ? Ils représentent les cinq continents du monde, tous unis par l'amour du sport.

Mais les Jeux Olympiques ne sont pas toujours un long fleuve tranquille. Ils ont été le théâtre de moments forts, comme quand Jesse Owens a remporté quatre médailles d'or en 1936, sous le nez d'Adolf Hitler ! Ou encore quand Tommie Smith et John Carlos ont levé le poing en 1968 pour lutter contre le racisme. Malheureusement, ils ont aussi été marqués par des tragédies, comme la prise d'otages de Munich en 1972.

Et puis il y a la flamme olympique, ce feu qui voyage d'Olympie jusqu'à la ville hôte des Jeux. C'est comme un témoin que se passent les athlètes, mais ici, ce sont des pays entiers qui se le passent, symbolisant l'unité et l'amitié.

Si vous aimez les sports plus "branchés", vous serez heureux d'apprendre que les Jeux évoluent ! Des sports comme le skateboard, le surf et l'escalade ont rejoint la fête. Et n'oublions pas les Jeux Paralympiques, qui rappellent que le sport, c'est pour tout le monde, quelles que soient vos capacités.

Les Jeux Olympiques sont aussi un miroir de la société et des évolutions sociales. Pensez à l'introduction progressive des épreuves féminines. Au départ, les femmes étaient exclues, mais aujourd'hui, elles concourent dans presque toutes les disciplines, et certaines comme Simone Biles ou Katie Ledecky sont même devenues des légendes.

Mais c'est aussi un moment où la politique et le sport se croisent, parfois de manière controversée. Pendant la Guerre Froide, les Jeux étaient souvent un terrain de démonstration entre les États-Unis et l'Union Soviétique. Qui peut oublier le "miracle sur glace" en 1980, quand une équipe américaine inexpérimentée a battu les Soviétiques en hockey sur glace ?

N'oublions pas non plus les mascottes, ces créatures souvent mignonnes conçues pour chaque Jeux. Elles apportent une touche de légèreté et sont adorées par les enfants. De Waldi, le teckel de Munich en 1972, à Miraitowa et Someity de Tokyo 2020, chaque mascotte a sa propre histoire à raconter.

Le serment olympique, cette promesse faite par un athlète au nom de tous, souligne l'importance de l'équité, de l'honneur et du respect. Ce sont des valeurs universelles qui transcendent les frontières et les générations.

Et pour ceux qui aiment les chiffres, les Jeux Olympiques sont une mine d'or de statistiques. Le sprinteur Usain Bolt détient le record du monde du 100 mètres en 9,58 secondes. Michael Phelps, ce poisson humain, a gagné un total stupéfiant de 23 médailles d'or en natation.

Mais au-delà des médailles et des records, les Jeux Olympiques sont une célébration de l'effort humain, de la détermination et de l'excellence. Chaque athlète, qu'il gagne ou perde, est un rappel du potentiel incroyable que nous avons tous en nous.

Ainsi, les Jeux Olympiques ne sont pas seulement un événement sportif, mais un phénomène culturel et social qui capte l'imagination du monde entier. Ils nous montrent le meilleur et parfois le pire de ce que nous sommes, mais surtout, ils nous unissent dans une célébration globale de l'humanité.

L'évolution des dessins animés

Le premier arrêt de notre voyage temporel est en 1928, au cœur de New York. Imaginez la magie de voir Mickey Mouse prendre vie pour la première fois dans "Steamboat Willie". Ce n'était pas seulement une première pour Mickey, mais aussi pour tout le monde du cinéma animé. Le public était tellement émerveillé qu'ils ont applaudi debout !

En parlant de premières, saviez-vous que le tout premier "anime" est né au Japon en 1917 ? Oui, bien avant que les Pokémon n'envahissent nos écrans, il y avait "Namakura Gatana", une petite histoire de samouraï qui ne dure que quatre minutes. Et il n'y avait même pas besoin de sous-titres !

Passons maintenant à quelque chose d'un peu plus récent mais tout aussi étonnant. Dans "Blanche-Neige et les sept nains", il a fallu plus de deux millions d'esquisses et 750 artistes pour créer seulement 83 minutes de pur enchantement. Parlez d'un effort collectif !

Et en parlant de Pokémon, saviez-vous que la série a été tellement populaire qu'elle a même dû retirer un épisode à cause de son impact sur la santé ? Oui, les lumières clignotantes ont provoqué des crises d'épilepsie chez plusieurs téléspectateurs. C'est ce qu'on appelle un effet secondaire inattendu de la "Pokémania".

Vous vous souvenez de "Toy Story" ? Ce chef-d'œuvre a failli être effacé à jamais, sauvé in extremis par une employée qui avait une copie de sauvegarde chez elle. Ouf, quel soulagement, n'est-ce pas ?

Allons maintenant à l'est et parlons de Hayao Miyazaki. Vous ne le croirez pas, mais cet homme dessine tous ses films à la main ! Pas d'ordinateurs, pas de raccourcis, juste un pur art fait à la main.

Vous avez vu "Kubo et l'Armure magique" ? Chaque seconde de ce film en stop-motion a nécessité des heures et des heures de travail. Une seule scène de 3,5 minutes a pris un an à réaliser. Incroyable, non ?

Qu'en est-il des "Simpson" ? Cette série, qui a commencé en 1989, a plus de saisons que certains d'entre vous n'ont d'années ! C'est la série animée la plus longue de l'histoire, et elle ne montre aucun signe de ralentissement.

Changement de sujet, mais saviez-vous que Shrek aurait pu avoir une voix très différente ? Chris Farley devait être la voix originale, mais après son décès tragique, c'est Mike Myers qui a repris le rôle. Et il a même ajouté une touche écossaise à notre ogre préféré !

Parlons d' "Avatar, le dernier maître de l'air". Ce dessin animé a été si bien reçu qu'il a non seulement eu une suite, mais aussi une adaptation en film. Bien que le film n'ait pas été aussi bien reçu, la série continue d'avoir une place spéciale dans nos cœurs.

Le monde de l'animation est un univers foisonnant de créativité et d'innovation. Chaque œuvre est comme une capsule temporelle, reflétant les techniques, les valeurs et l'imaginaire d'une époque. De Mickey Mouse aux créations sophistiquées de Studio Ghibli, ces films et séries sont bien plus que de simples divertissements ; ils sont des morceaux de culture qui transcendent les frontières.

À travers le prisme de l'animation, on peut également voir l'évolution des technologies. Si les premières animations étaient réalisées image par image avec un soin méticuleux, les technologies modernes ont ouvert de nouvelles voies, notamment avec l'animation en 3D. Mais même avec tous ces outils avancés, rien ne remplace la touche humaine, comme le montre le travail manuel de Hayao Miyazaki.

Le monde de l'animation est aussi un lieu où les cultures se rencontrent et se mélangent. Les animés japonais ont inspiré des générations de créateurs à travers le monde, tout comme les productions occidentales ont trouvé un public fidèle en Asie. C'est un véritable échange culturel, réalisé coup de crayon par coup de crayon, cadre par cadre.

Et n'oublions pas les messages souvent profonds que ces œuvres transmettent. Que ce soit l'importance de l'amitié et de l'aventure dans "Pokémon" ou les questions d'identité et de destin dans "Avatar, le dernier maître de l'air", ces histoires vont bien au-delà du simple divertissement. Elles nous font réfléchir, nous remettent en question et, parfois, nous changent.

L'histoire des jeux vidéo

Notre aventure commence en 1972 avec "Pong", le jeu vidéo qui a tout déclenché. Vous seriez surpris d'apprendre que ce n'était pas vraiment le premier jeu de tennis virtuel; Ralph Baer en avait créé un avant cela. Pong était une version simplifiée, mais qui a marqué le début de l'ère Atari.

Ensuite, rencontrons le plombier le plus célèbre de tous les temps : Mario. Saviez-vous qu'il était à l'origine un charpentier ? Oui, avant de se lancer dans le débouchage de tuyaux, Mario était plutôt habile avec un marteau et des clous.

Ah, "Tetris", ce jeu addictif aux blocs qui tombent. Saviez-vous que son nom vient du mot grec "tetra", qui signifie "quatre" ? En effet, chaque bloc est composé de quatre carrés. C'est une petite pépite d'information qui rend le jeu encore plus intéressant, n'est-ce pas ?

Imaginez que le bruit de pas de Lara Croft dans "Tomb Raider" est en fait le son d'un micro-ondes. Oui, les concepteurs sonores ont dû être très créatifs !

Et parlons de "Final Fantasy". Le nom peut sembler grandiose, mais il est né de la croyance que ce serait le dernier jeu de son créateur. Heureusement pour nous, ce n'était pas le cas.

Vous aimez les jeux de société ? Qu'en est-il d'une partie de "Monopoly" de 1 680 heures dans "Street Fighter: Monopoly" ? C'est un record qui donne une nouvelle définition au mot "endurance".

Passons à "Minecraft", le géant des jeux vidéo. Pouvez-vous croire qu'il a été développé en seulement six jours ? Étonnant, n'est-ce pas ?

Et que diriez-vous de la première interdiction de jeu vidéo en Norvège ? Oui, "Mortal Kombat" était trop violent pour le gouvernement norvégien, ce qui a conduit à une interdiction temporaire.

Vous souvenez-vous de l'époque où vous attrapiez des insectes dans des bocaux ? Satoshi Tajiri, le créateur de Pokémon, le faisait aussi, et cela l'a inspiré pour créer le jeu Pokémon.

Et enfin, le célèbre Pac-Man. Ce personnage rond et jaune qui ne cesse de manger a été inspiré par... une pizza manquante d'une part. Une source d'inspiration plutôt délicieuse, non ?

Le premier "Easter egg" dans un jeu vidéo a été créé par Warren Robinett dans le jeu "Adventure" pour Atari 2600. Il a caché son nom dans une salle secrète du jeu, un acte révolutionnaire à une époque où les développeurs de jeux n'étaient pas crédités pour leur travail.

Le "Konami Code", une séquence de touches spécifique, est devenu légendaire et est apparu dans de nombreux jeux et même dans certains sites web et films. Il a été créé pour le jeu "Contra" pour aider les joueurs à obtenir des vies supplémentaires.

La première intelligence artificielle compétitive dans un jeu a été introduite dans "Pac-Man". Les fantômes avaient des personnalités et des stratégies différentes, ce qui rendait le jeu plus complexe et intéressant.

Le terme "niveau de boss" est apparu pour la première fois dans le jeu "Doom". Il désignait un niveau particulièrement difficile à la fin d'une série de niveaux plus faciles.

La première console de jeu à utiliser des CD-ROM était le Sony PlayStation. Cela a marqué un tournant dans la manière dont les jeux étaient fabriqués et stockés, permettant des graphismes et des sons plus complexes.

Le jeu "World of Warcraft" détient le record du monde Guinness pour le MMORPG le plus populaire, avec des millions d'abonnés actifs à son apogée.

La première utilisation du terme "jeu vidéo" a eu lieu dans un article de 1973 du magazine "Creative Computing", bien que le concept existait depuis des années.

Le personnage de Sonic a été créé par Sega comme une réponse à Mario de Nintendo. Il est devenu si populaire qu'il a même eu sa propre série de bandes dessinées et de dessins animés.

Le jeu "Angry Birds" a été téléchargé plus de 2 milliards de fois depuis son lancement, ce qui en fait l'un des jeux mobiles les plus populaires de tous les temps.

Dans le jeu "The Legend of Zelda: Ocarina of Time", la musique a été conçue pour s'adapter en temps réel à l'action du joueur, une première dans le domaine des jeux vidéo.

Les super-héros à travers les âges

Imaginez, si vous le voulez bien, une époque où les super-héros n'avaient pas encore pris leur envol dans les pages des comics. Remontons jusqu'à la Grèce antique, où des figures comme Hercule avec leur force surhumaine étaient les véritables précurseurs des super-héros que nous connaissons et aimons aujourd'hui.

Ah, Superman ! Le héros qui a commencé le genre moderne en 1938. Mais seriez-vous surpris de savoir que ses créateurs l'ont vendu pour seulement 130 dollars ? Un prix dérisoire pour un personnage qui est devenu une icône mondiale.

Et que dire de Wonder Woman, cette guerrière amazone armée de son lasso de vérité ? Son créateur, William Moulton Marston, est aussi l'inventeur du détecteur de mensonges. Une coïncidence ? Je ne crois pas.

Stan Lee, ce nom résonne dans l'histoire de la bande dessinée comme une véritable légende. De Spider-Man à Iron Man, il a créé un panthéon de personnages qui ont traversé les âges et même fait des apparitions dans leurs adaptations cinématographiques.

Batman, ce justicier masqué qui hante les rues de Gotham, n'est pas sorti de nulle part. Il tire son inspiration de diverses sources, y compris des travaux de Léonard de Vinci. Fascinant, n'est-ce pas ?

Ah, Wolverine, cet X-Men aux griffes d'adamantium. Bien que souvent associé aux États-Unis, il est en réalité Canadien. Son vrai nom ? Logan.

Avant de brandir son bouclier contre les super-vilains modernes, Captain America était un outil de propagande pendant la Seconde Guerre mondiale. Il se battait contre les forces de l'Axe dans les pages colorées des comics de l'époque.

Et qui pourrait oublier Black Panther, le premier super-héros d'origine africaine dans les bandes dessinées américaines ? Non seulement un héros mais aussi un roi, il a ouvert la voie à une représentation plus diversifiée dans les comics.

Mais même les super-héros ont connu des jours sombres. Dans les années 1950, ils ont presque disparu, relégués aux oubliettes de la culture populaire. Heureusement pour nous, les années 60 ont apporté une renaissance, avec de nouveaux visages et de nouvelles équipes.

Et dans les années 80 et 90, les choses ont pris un tournant plus sombre et plus complexe. Des œuvres comme "The Dark Knight Returns" ont montré que les super-héros pouvaient être profondément imparfaits, remettant en question les idées traditionnelles de bien et de mal.

Et n'oublions pas ceux qui ont défié les conventions, comme Deadpool, connu pour briser le quatrième mur et parler directement aux lecteurs.

Il est fascinant de voir comment les super-héros ont évolué à travers les âges, n'est-ce pas ? Mais ce n'est pas seulement leur histoire qui est intéressante, c'est aussi leur impact sur notre culture et notre société.

N'oublions pas le rôle des femmes super-héroïnes comme Jean Grey, Storm et la Veuve Noire, qui ont contribué à façonner une nouvelle génération de femmes fortes, intelligentes et indépendantes. Ces personnages ont permis de briser certains stéréotypes de genre qui persistaient dans la culture populaire.

Parlons aussi de la mode. Les costumes de super-héros ont influencé non seulement le cosplay, mais aussi la haute couture. Des designers ont puisé dans l'esthétique de ces personnages pour créer des tenues qui fusionnent l'art et la fonction.

Les super-héros ont également trouvé leur place dans l'éducation. Des professeurs utilisent les comics pour enseigner tout, de la littérature à la philosophie en passant par la science. Quoi de mieux pour apprendre la physique que de discuter de la manière dont Flash peut courir plus vite que la lumière ?

Et que dire de l'impact économique ? L'industrie des super-héros pèse des milliards, grâce aux films, aux marchandises et aux jeux vidéo. Ils sont devenus une véritable machine à imprimer de l'argent pour les entreprises qui les possèdent.

L'influence des super-héros s'étend également à des causes sociales et humanitaires. Des personnages comme Superman et Spider-Man ont été utilisés dans des campagnes pour tout, de la sécurité routière à la prévention du tabagisme chez les jeunes.

Et dans le monde réel, l'aura des super-héros inspire des actes de bravoure. Combien de fois avons-nous entendu des histoires de personnes ordinaires accomplissant des actes extraordinaires et citant ensuite des super-héros comme leur inspiration ?

Les super-héros ont également fait leur entrée dans le monde de la technologie. Des chercheurs et des scientifiques s'efforcent de créer des gadgets et des équipements qui ressemblent à ceux que nous voyons dans les comics, des exosquelettes aux lentilles de contact à vision nocturne.

Ils ont aussi été utilisés dans des campagnes politiques, où les candidats se comparent souvent à des figures héroïques dans le but de gagner du soutien. Qu'il s'agisse de justice, de bravoure ou de leadership, les super-héros incarnent des qualités que beaucoup aspirent à avoir.

Et pour finir, l'impact psychologique. Les super-héros nous donnent un sens de l'espoir et du merveilleux, nous rappelant que chacun d'entre nous a le pouvoir de faire une différence dans le monde, aussi petite soit-elle.

Les boy bands et girl groups célèbres

D'abord, penchons-nous sur BTS, ces garçons sud-coréens qui ont littéralement conquis la planète. Leur fandom, connu sous le nom d'"ARMY", n'est pas seulement un groupe de fans, mais plutôt une armée dévouée qui joue un rôle inestimable dans leur succès fulgurant à l'échelle internationale.

De la Corée du Sud à BLACKPINK, ce girl group K-pop est une force avec laquelle il faut compter. Leur single "How You Like That" a battu des records sur YouTube, devenant un hymne pour toute une génération.

N'oublions pas One Direction, ces cinq Britanniques devenus quatre, qui ont émergé de "The X Factor" pour devenir un véritable phénomène mondial. Même si le groupe est en pause, chaque membre a trouvé son propre chemin dans des carrières solo réussies.

Fifth Harmony, un autre produit de "The X Factor", mais cette fois-ci de la version américaine. Le groupe a connu des hauts et des bas, notamment avec le départ de Camila Cabello, avant de finalement se séparer en 2018.

Little Mix, ces femmes talentueuses du Royaume-Uni, ont non seulement remporté "The X Factor", mais elles ont aussi continué à évoluer, sortant des hits et tournant dans le monde entier.

CNCO, ce boy band latino, apporte un mélange unique de pop et d'influences latines, créant un son qui est instantanément reconnaissable et irrésistiblement dansant.

Et que dire des Red Velvet ? Ce groupe fascinant est connu pour sa dualité musicale, capable de vous faire danser un instant et de vous plonger dans des réflexions profondes l'instant d'après.

Dans le monde du K-pop, EXO est une autre force dominante, avec un concept unique de sous-groupes qui chantent en coréen et en mandarin, atteignant ainsi une large audience en Asie.

TWICE, encore un autre titan du K-pop, a capturé l'imagination du public avec leur tube viral "TT", une chanson qui est devenue un véritable phénomène.

Si nous nous aventurons en Amérique, nous trouvons les Jonas Brothers. Après une séparation et un hiatus, ils sont revenus sur le devant de la scène en 2019, prouvant que les frères peuvent vraiment tout surmonter.

Les Beatles sont souvent considérés comme le premier "boy band", bien qu'ils aient transcendé cette catégorie. Mais saviez-vous que leur premier single, "Love Me Do", n'a atteint que la 17e place des charts britanniques ? Un début modeste pour le groupe de rock le plus influent de tous les temps.

Passons à Destiny's Child. Ce trio emblématique, mené par Beyoncé, a fait ses débuts dans les années 90. Mais saviez-vous que le groupe a changé de composition plusieurs fois avant de devenir le trio légendaire que nous connaissons ?

Les Backstreet Boys, ces idoles des années 90, n'ont pas toujours été cinq. En fait, ils étaient au départ un trio. Ce n'est qu'après avoir rencontré Kevin Richardson que Nick Carter, AJ McLean et Howie Dorough ont complété le groupe avec Brian Littrell.

Les Spice Girls, ces reines du "Girl Power", ont été formées par une annonce dans un journal. En réponse à cette annonce, plus de 400 filles ont auditionné pour devenir la prochaine grande sensation pop.

N'oublions pas NSYNC, qui a vu la montée de Justin Timberlake. Saviez-vous que le nom du groupe est un acronyme composé des dernières lettres des prénoms des membres originaux ? Justin, Chris, Joey, Jason et JC.

Et que dire de TLC, ce trio féminin des années 90 ? Leur tube "Waterfalls" a été l'un des premiers à aborder des sujets sociaux comme le VIH et la drogue, dans un genre souvent axé sur l'amour et les relations.

Et les Pussycat Dolls, avant de devenir des stars de la pop, elles étaient en fait une troupe de danse burlesque.

L'évolution des jouets populaires

Commençons notre voyage dans le temps en Égypte antique, où les poupées étaient plus que de simples jouets ; elles étaient un reflet de la société et de la culture. Fast-forward jusqu'en 1959, et voici Barbie, la poupée qui a révolutionné le monde du jouet et qui a ouvert la voie à des franchises comme Bratz et Monster High.

Les années 1960 nous ont apporté les briques LEGO, ces petits blocs de plastique qui ont déclenché des vagues d'imagination et de créativité chez les enfants et les adultes.

Et qui pourrait oublier les Tamagotchis des années 90 ? Ces animaux de compagnie électroniques ont marqué une étape majeure dans la fusion des jouets et de la technologie.

Puis il y a Furby, cette peluche interactive capable "d'apprendre" et de communiquer, qui a fait fureur à la fin des années 90. Les bracelets Silly Bandz et les Beyblades ont pris le relais dans les cours de récréation au début des années 2000, suivis de près par les incontournables figurines Funko Pop.

Hatchimals et LOL Surprise ont apporté la magie de l'"unboxing" dans le monde des jouets, offrant aux enfants le plaisir de la surprise et de la découverte. Les jeux de société, quant à eux, ont résisté à l'épreuve du temps, avec des classiques comme Monopoly qui ont été réinventés pour de nouvelles générations.

L'éducation n'est pas en reste, avec une montée en popularité des jouets éducatifs comme les kits de robotique et les kits STEM, qui fusionnent l'apprentissage avec le jeu. Les voitures miniatures Matchbox et Hot Wheels continuent de vrombir dans le cœur des enfants, tandis que les jeux vidéo ont redéfini notre compréhension même de ce que signifie "jouer".

Les peluches Beanie Babies, une fois de simples jouets, sont maintenant des objets de collection valant des milliers d'euros. Les poupées Polly Pocket et leurs mondes miniatures ont marqué une génération, tout comme les drones pour enfants et les jouets connectés comme les robots programmables sont en train de le faire aujourd'hui.

Et pour ceux qui aiment le côté tactile du jeu, la pâte à modeler et les kits de slime offrent une expérience sensorielle, tandis que les puzzles 3D poussent les compétences en résolution de problèmes à un nouveau niveau.

Ah, le Rubik's Cube ! Ce casse-tête coloré des années 80 est bien plus qu'un jouet. Saviez-vous qu'il existe des compétitions internationales où les gens résolvent ce cube en quelques secondes ? Incroyable !

Et parlons des toupies ! Elles existent depuis l'Antiquité, mais aujourd'hui, avec des marques comme Beyblade, elles ont été propulsées dans le futur avec des arènes de combat et des caractéristiques techniques.

Qui aurait pensé que des pierres pourraient devenir un jouet ? Et pourtant, les Pet Rocks ont été un véritable phénomène dans les années 70. Des rochers de compagnie vendus dans une boîte, avec de la paille comme lit. Simplicité à son meilleur !

Vous vous souvenez des Sea-Monkeys ? Ces petites créatures aquatiques qui "naissent" lorsque vous ajoutez de l'eau étaient en réalité des crevettes en dormance ! Un véritable aquarium de poche.

Ah, les cartes Pokémon ! À l'origine créées comme un jeu de cartes à collectionner, elles sont devenues une fièvre mondiale. Certaines cartes rares se vendent maintenant pour des milliers d'euros !

Les jeux vidéo ne sont pas en reste. L'Atari 2600, lancé en 1977, a ouvert la porte à l'industrie du jeu vidéo à domicile, posant les bases pour des consoles comme la PlayStation et la Xbox.

Et que dire des tapis de danse électroniques qui ont envahi les salles de jeux dans les années 2000 ? Inspirés par le jeu vidéo "Dance Dance Revolution", ils ont donné une nouvelle tournure à la notion de jeu actif.

N'oublions pas les robots Transformers, ces jouets qui sont à la fois des véhicules et des personnages. Leur popularité a été telle qu'ils ont donné naissance à une franchise complète, y compris des films et des séries télévisées.

Les poupées Reborn sont des poupées hyper-réalistes conçues pour ressembler à de vrais bébés. Elles sont si réalistes que certaines personnes les utilisent pour des thérapies émotionnelles. Une dimension fascinante du monde du jouet !

Les sagas littéraires

Dans un train reliant Manchester à Londres, J.K. Rowling conçoit l'idée d'un petit sorcier à lunettes, Harry Potter. Ce qui commence comme une idée furtive se transforme en un phénomène mondial, englobant sept tomes magistraux et un univers étendu.

Dans le même esprit, Suzanne Collins fusionne la brutalité de la guerre et l'artifice de la téléréalité pour créer "Hunger Games", une dystopie qui captive des millions de lecteurs. Pendant ce temps, Stephenie Meyer traduit un rêve énigmatique en une saga vampirique, "Twilight", qui fascine et divise les lecteurs du monde entier.

Rick Riordan, cherchant à aider son propre fils atteint de dyslexie et d'hyperactivité, donne naissance à Percy Jackson, un héros qui transforme ses faiblesses en forces. Veronica Roth, encore étudiante, imagine un monde fracturé par des factions dans "Divergent", tandis que James Dashner s'inspire des œuvres qu'il chérissait enfant pour créer "Le Labyrinthe".

Les jeunes auteurs font également sensation. Christopher Paolini écrit "Eragon" à l'âge tendre de 15 ans, et voit son œuvre s'élever au rang de best-seller international. Philip Pullman plonge dans le poème épique "Paradise Lost" pour tisser la complexité de "À la croisée des mondes".

Internet joue aussi un rôle. Cassandra Clare passe de la fanfiction sur Harry Potter à la création de son propre univers enchanteur dans "La Cité des ténèbres". Jeff Kinney, dont "Le Journal d'un dégonflé" devait initialement être un livre pour adultes, trouve un succès inattendu auprès des jeunes lecteurs.

Les inspirations sont diverses et variées. Ransom Riggs utilise de vieilles photos pour créer "Miss Peregrine et les enfants particuliers", Daniel Handler puise dans son propre sentiment d'aliénation pour écrire "Les Orphelins Baudelaire", et Eoin Colfer décrit son œuvre "Artemis Fowl" comme "Die Hard avec des fées".

Le pseudonyme peut également être un outil. Erin Hunter représente en réalité un collectif d'auteurs derrière "La Guerre des clans", et Myra Eljundir choisit un pseudonyme islandais pour écrire la série "Kaleb", inspirée par sa propre vie.

Ah, le pouvoir du rêve ! J.R.R. Tolkien, professeur de philologie, a créé la Terre du Milieu, une contrée fantastique peuplée d'elfes, de hobbits et de dragons, alors qu'il récupérait d'une maladie dans un hôpital pendant la Première Guerre mondiale. Ainsi naît "Le Seigneur des Anneaux", une épopée qui continue de captiver le monde entier.

Vous aimez les mystères ? Arthur Conan Doyle, médecin de formation, crée Sherlock Holmes en s'inspirant d'un de ses propres professeurs. Le détective devient tellement populaire que Doyle se sent obligé de le "ressusciter" après avoir tenté de le tuer dans une de ses histoires.

Et que dire de "Charlie et la Chocolaterie" ? Roald Dahl s'inspire de ses propres expériences d'enfant pour créer ce monde sucré. Il a même été goûteur pour une entreprise de chocolat !

Ne sous-estimez pas le pouvoir du hasard ! L'auteure de "Narnia", C.S. Lewis, a vu une image d'un faune portant des paquets et un parapluie dans la neige quand il avait 16 ans. Cette image l'a hanté pendant des années avant de devenir le point de départ de "Le Monde de Narnia".

L'imagination des enfants est aussi une source d'inspiration. Maurice Sendak, l'auteur de "Max et les Maximonstres", a créé son livre en se basant sur ses propres peurs d'enfant. Il transforme ses cauchemars en une aventure fantastique et éducative.

Le quotidien peut aussi être magique. Beverly Cleary, fatiguée de ne pas trouver de livres qui parlent de la vie des enfants ordinaires, crée Ramona Quimby, un personnage avec qui chaque enfant peut s'identifier.

Les mythes et légendes ne sont pas oubliés. Madeline Miller, dans "Circé", reprend le personnage de la sorcière de l'Odyssée d'Homère et lui donne une voix propre, explorant sa vie avant et après l'arrivée d'Ulysse.

Et la musique dans tout ça ? Gayle Forman, l'auteure de "Si je reste", s'inspire du pouvoir émotionnel de la musique classique pour raconter une histoire poignante d'amour et de perte.

Parfois, la réalité dépasse la fiction. Angie Thomas s'inspire de la réalité sociale et des mouvements comme Black Lives Matter pour écrire "The Hate U Give", un livre qui ouvre les yeux sur les inégalités et les préjugés.

Et pour ceux qui pensent que les contes de fées sont démodés, Marissa Meyer prouve le contraire. Dans "Les Chroniques Lunaires", elle réinvente des classiques comme Cendrillon et le Petit Chaperon

Rouge dans un monde futuriste, prouvant que les vieux contes peuvent toujours être nouveaux et fascinants.

Les réseaux sociaux

Le 21 mars 2006, Jack Dorsey, co-fondateur de Twitter, envoie le premier tweet de l'histoire : "just setting up my twttr". Une déclaration simple qui annonce une révolution dans la communication en ligne. Facebook, à ses origines, n'était qu'un réseau exclusif pour les étudiants d'Harvard, loin de l'empire global qu'il est devenu. Et Instagram, cette vitrine de photos parfaites ? Il était autrefois "Burbn", une application de check-in à la Foursquare.

Ah, Foursquare ! Qui se souvient de la frénésie pour devenir "maire" d'un lieu donné ? Une fonctionnalité si emblématique qu'elle a laissé une empreinte durable, même si elle a été retirée depuis. LinkedIn, ce sérieux réseau professionnel, a réussi là où beaucoup ont échoué : être rentable dès ses premières années, grâce à ses services payants.

TikTok, le phénomène global, était autrefois connu sous le nom de "Douyin" en Chine. Parler de phénomène, MySpace était autrefois le site web le plus visité aux États-Unis, surpassant même Google en 2006. Un fait qui peut sembler incroyable aujourd'hui. Tout comme l'histoire de Friendster, qui a refusé une offre d'achat de 30 millions de dollars de Google en 2003. Une décision qui doit sûrement hanter les propriétaires aujourd'hui.

WhatsApp, cette application de messagerie omniprésente, n'avait que 55 employés lorsque Facebook l'a rachetée pour la modique somme de 19 milliards de dollars. Reddit, la "page d'accueil de l'Internet", a dû créer une illusion de communauté active à ses débuts, avec ses fondateurs publiant du contenu sous différents pseudonymes.

Et Vine ? Malgré sa courte vie, cette plateforme a lancé la carrière de nombreux influenceurs qui continuent de prospérer sur d'autres réseaux. Twitch, aujourd'hui synonyme de streaming de jeux vidéo, a commencé comme une humble plateforme de streaming de vie quotidienne appelée "Justin.tv".

Les festivals de musique emblématiques

En 1969, Woodstock est devenu le symbole de la contre-culture des années 60, attirant près de 400 000 personnes dans un champ boueux de New York. Qui aurait pu prévoir que ce qui devait être un "petit" rassemblement deviendrait l'épicentre d'une génération en quête de liberté et de changement ?

Puis il y a Coachella, ce festival californien qui est devenu un lieu de pèlerinage annuel pour les amateurs de musique, de mode et de célébrités. Et que dire de Tomorrowland en Belgique, où les billets se vendent en quelques minutes, comme si c'était une sorte de rite de passage pour les fans de musique électronique.

Glastonbury, ce vénérable festival du Royaume-Uni, combine la magie de la musique avec celle de l'ancien site mystique du Tor de Glastonbury. Burning Man, quant à lui, transcende la notion même de festival. Ce n'est pas seulement un événement, mais une expérience socioculturelle qui voit la création d'une ville éphémère dans le désert du Nevada chaque année.

Le Montreux Jazz Festival en Suisse est comme un musée vivant de la musique, ayant accueilli des légendes comme Nina Simone et Miles Davis. Et en France, Rock en Seine a eu l'honneur douteux d'être la scène de la dernière performance d'Oasis en 2009, marquant la fin d'une ère pour le groupe britannique.

Lollapalooza a commencé comme une tournée d'adieu pour Jane's Addiction, mais est maintenant un festival mondial. Fuji Rock au Japon, malgré son nom, a migré de la majestueuse montagne pour s'établir dans la station de ski de Naeba. Et que dire de SXSW, cette célébration annuelle de la musique, du cinéma et de la technologie à Austin, Texas ?

Les films et séries cultes

Prenons "Hunger Games", par exemple. Jennifer Lawrence, qui a incarné la courageuse Katniss Everdeen, s'est investie au point de suivre une formation intensive en archerie. À l'autre bout du spectre émotionnel, on trouve "Twilight", où Kristen Stewart a failli perdre son rôle iconique de Bella Swan au profit d'Emily Browning.

Daniel Radcliffe, notre Harry Potter bien-aimé, était si investi dans son rôle qu'il a réussi à briser environ 80 baguettes pendant le tournage. Qui savait que les baguettes magiques pouvaient aussi servir de baguettes de batterie ?

L'engagement des acteurs ne s'arrête pas là. Shailene Woodley, l'étoile de "Divergente", a non seulement coupé ses longs cheveux pour son rôle, mais elle les a également donnés à une association caritative. Parler de rentrer dans un personnage !

Certains de ces films et séries vont au-delà du divertissement, suscitant des discussions publiques sur des sujets graves. Par exemple, "13 Reasons Why" a provoqué de nombreux débats sur sa représentation de sujets sensibles comme le suicide et le harcèlement. De même, "Euphoria" a été à la fois saluée et critiquée pour sa représentation sans fard de la vie adolescente.

Mais ces adaptations ne sont pas uniquement des récits fictifs; elles ont souvent des impacts réels. Le film "Bird Box" a engendré un défi viral où les gens tentaient de réaliser des tâches quotidiennes les yeux bandés, mettant en lumière la puissance du média à influencer le comportement dans la vie réelle.

Chaque film ou série est comme une fenêtre sur les complexités de l'adolescence, que ce soit à travers l'exploration de l'identité sexuelle dans "Love, Simon" ou la représentation de maladies rares comme la fibrose kystique dans "Five Feet Apart".

En plus de servir de miroir à la complexité de la jeunesse, ces adaptations cinématographiques et séries sont également un tremplin pour de jeunes talents. Dylan O'Brien, l'acteur principal de "Maze Runner", a subi une grave blessure pendant le tournage qui a retardé la production, mais sa carrière n'a fait que monter en flèche depuis.

Certains films vont jusqu'à introduire des éléments métanarratifs qui ajoutent une profondeur supplémentaire à l'histoire. Dans "To All the Boys I've Loved Before", la lettre que Lara Jean écrit à Peter était en réalité une lettre d'adieu de l'actrice Lana Condor à son petit ami, fusionnant ainsi réalité et fiction.

Il y a aussi des moments où ces œuvres transcendent le média pour devenir des phénomènes culturels. Prenez "Stranger Things" par exemple. Le décor d'Hawkins est une capsule temporelle des années 80, rendant hommage à une époque tout en capturant l'imagination d'une nouvelle génération.

Sans oublier l'impact de ces œuvres sur la culture populaire. "The Kissing Booth" a non seulement été un succès sur Netflix, mais il a également fait des vagues dans la vie réelle lorsque les acteurs principaux, Joey King et Jacob Elordi, ont commencé à sortir ensemble après le tournage.

Enfin, il y a des films comme "Lady Bird", qui, tout en étant ancrés dans l'expérience adolescente, parlent à un public beaucoup plus large. Réalisé par Greta Gerwig, ce film est une lettre d'amour semi-autobiographique à Sacramento, sa ville natale, et explore les nuances délicates des relations mère-fille.

Ah, les coulisses d'Hollywood, un monde aussi fascinant que les histoires qu'il produit ! Emma Watson, qui a incarné Hermione Granger dans la saga "Harry Potter", a tellement pris son rôle à cœur qu'elle a même écrit une dissertation de plusieurs pages sur son personnage. Parlez d'un dévouement total !

Vous seriez surpris de savoir que "Le Monde de Narnia" a été un défi technique autant qu'artistique. Pour donner vie au lion Aslan, les créateurs ont utilisé un mélange de capture de mouvement et d'effets spéciaux, élevant la barre pour les films fantastiques à venir.

Puis il y a "Percy Jackson". Logan Lerman, qui a incarné le héros demi-dieu, a dû apprendre à manier l'épée pour rendre son personnage aussi authentique que possible. Et oui, le travail d'un acteur n'est pas seulement de réciter des répliques !

Le pouvoir du cinéma est parfois si fort qu'il change des vies. Prenez le film "Wonder", par exemple. Il a inspiré le mouvement "Choose Kind", encourageant la gentillesse et l'acceptation dans les écoles, transformant ainsi une simple histoire en un mouvement social.

Et que dire de "Jumanji" ? Ce film, basé sur un livre pour enfants, a été si populaire qu'il a inspiré plusieurs adaptations de jeux de société et même une suite des décennies plus tard, montrant que certaines histoires ont vraiment une longévité incroyable.

Les acteurs peuvent aussi être des fans ! Millie Bobby Brown, qui joue Eleven dans "Stranger Things", est une grande admiratrice de la saga "Harry Potter", au point de demander des autographes aux acteurs quand elle les rencontre. Cela montre à quel point ces univers sont interconnectés dans le monde du divertissement.

L'impact social ne doit pas être négligé. Le film "Black Panther" a été salué pour sa représentation positive de la culture africaine et son rôle dans le mouvement #BlackLivesMatter, prouvant que le cinéma peut être une force puissante pour le changement.

Certains acteurs vont au-delà de leur rôle à l'écran pour s'impliquer dans la vie réelle. Amandla Stenberg, qui a joué Rue dans "Hunger Games", est devenue une militante pour les droits civiques, utilisant sa plateforme pour sensibiliser à diverses causes sociales.

La cryptographie et les codes secrets

La machine Enigma utilisée par les Allemands pendant la Seconde Guerre mondiale avait 159 millions de millions de millions de réglages possibles.

Julius César utilisait un code simple pour envoyer des messages secrets, en décalant chaque lettre de l'alphabet de trois places.

La technique de cryptage RSA a été publiée par trois chercheurs en 1978, mais les services secrets britanniques l'avaient déjà découverte en secret des années plus tôt.

Le Livre de Kells, une œuvre d'art médiévale, contient un texte crypté que personne n'a réussi à déchiffrer jusqu'à aujourd'hui.

Le disque de Phaistos, une tablette d'argile ancienne, utilise des symboles mystérieux qui n'ont jamais été décodés.

Durant la Guerre froide, des espions utilisaient des "micro-points", des messages si petits qu'ils pouvaient être cachés sous le timbre d'une lettre.

La "Chambre 40" était une unité de décodage britannique pendant la Première Guerre mondiale qui a réussi à déchiffrer de nombreux codes allemands.

Le "code Navajo" était un code utilisé par les Américains pendant la Seconde Guerre mondiale, basé sur la langue navajo qui était incompréhensible pour les Japonais.

Les Égyptiens utilisaient des hiéroglyphes pour écrire des messages codés il y a plus de 4000 ans.

La "Lettre Zodiaque" envoyée par un tueur en série aux journaux dans les années 1960 contenait un message crypté que personne n'a réussi à déchiffrer complètement.

Dans l'ancienne Grèce, on écrivait des messages sur la peau de moutons qui étaient enroulés autour d'un bâton. Le message ne pouvait être lu que si on avait un bâton de la même taille.

La "pierre de Rosette" a aidé les chercheurs à comprendre les hiéroglyphes égyptiens, car elle contenait le même message en trois scripts différents.

Les Kryptos sont une sculpture dans les jardins de la CIA à Langley, en Virginie, avec quatre messages codés, dont trois ont été déchiffrés.

Durant la Seconde Guerre mondiale, des pigeons voyageurs étaient utilisés pour transporter des messages cryptés à travers les lignes ennemies.

Les Spartiates utilisaient une tige de bois appelée "scytale" pour coder des messages en enroulant une bande de cuir autour et en écrivant dessus.

La méthode "ROT13" est un code très simple souvent utilisé dans les forums en ligne pour cacher des spoilers. Il décale chaque lettre de 13 places dans l'alphabet.

Les pirates informatiques modernes utilisent parfois une méthode appelée "cryptographie quantique" qui utilise les propriétés des particules subatomiques pour sécuriser les messages.

Le "Livre de Bacon" est un texte du XVIe siècle qui utilise un code basé sur des lettres en gras pour cacher un message secret, et certains pensent qu'il pourrait révéler que Francis Bacon est le vrai auteur des œuvres de Shakespeare.

Le corps humain

Les battements de cœur créent assez d'énergie pour alimenter une ampoule pendant toute une journée. Incroyable, non ? Imagine, si ton cœur était une petite centrale électrique, il pourrait éclairer une petite lampe !

Ton nez et tes oreilles ne s'arrêtent jamais de grandir. Alors que le reste de ton corps peut cesser de grandir à un moment donné, ces deux parties continuent leur petite aventure tout au long de la vie.

La salive aide à prédigérer la nourriture avant qu'elle n'atteigne l'estomac. Sans elle, manger serait une expérience complètement différente. Elle sert aussi à nettoyer et protéger vos dents.

L'estomac a une muqueuse si puissante qu'elle peut se digérer elle-même ! Heureusement, de nouvelles cellules se forment constamment, renouvelant la paroi de l'estomac environ tous les trois jours.

Ton cerveau est plus actif la nuit que le jour. Même si tu penses que ton cerveau se repose pendant que tu dors, il est en fait très occupé à trier toutes les informations de la journée.

Le plus long os de ton corps est le fémur, qui est aussi solide que le béton. Il supporte 30 fois le poids du corps humain, ce qui en fait un pilier solide pour marcher, courir et sauter.

Les êtres humains et les girafes ont le même nombre de vertèbres cervicales. Malgré leur long cou, les girafes ont seulement sept vertèbres cervicales, tout comme les humains.

Le foie a plus de 500 fonctions et est l'organe le plus lourd à l'intérieur du corps humain. C'est un peu comme l'usine chimique du corps, aidant à digérer la nourriture, stocker de l'énergie et éliminer les toxines.

L'œil humain peut distinguer environ 10 millions de couleurs. C'est presque comme avoir une palette de peinture géante directement dans tes yeux.

Chaque langue a une empreinte unique, tout comme les empreintes digitales. Si tu as déjà pensé que tes empreintes digitales te rendaient unique, attends de voir ta langue !

Les cheveux peuvent supporter environ 100 grammes chacun. Multiplié par le nombre moyen de cheveux sur une tête humaine, cela signifie que ta chevelure pourrait supporter le poids de deux éléphants.

Le son fait par le craquement des articulations est en fait causé par des bulles de gaz éclatant dans les articulations. Ce n'est pas du tout dangereux, contrairement à ce que certains pourraient penser.

Le corps humain contient assez de fer pour fabriquer un petit clou. Ce métal est essentiel pour aider à transporter l'oxygène dans le sang.

La peau est l'organe le plus grand du corps humain. Elle sert de barrière protectrice contre les germes et les éléments extérieurs, régule la température et permet les sensations de toucher.

Les os du crâne ne sont pas complètement soudés à la naissance. C'est pour cela que les bébés ont des "fontanelles", ces zones molles sur leur tête qui permettent une certaine flexibilité lors de l'accouchement.

Les pieds contiennent environ un quart de tous les os du corps humain. Si tu as déjà pensé que tes pieds travaillaient dur, c'est parce qu'ils le font vraiment avec tous ces os.

Ton cerveau ne ressent pas la douleur. Même s'il est le centre de traitement de la douleur dans le corps, le cerveau lui-même ne possède pas de récepteurs de la douleur.

Les humains perdent en moyenne 40 à 100 cheveux par jour. Ne t'inquiète pas, ils repoussent souvent assez rapidement, et avec environ 100 000 cheveux sur une tête humaine, c'est à peine perceptible.

Tu respires en moyenne 20 000 fois par jour. C'est beaucoup de travail pour tes poumons, qui filtrent l'air, l'humidifient et l'envoient dans ton corps pour te garder en vie.

Les humains ont la capacité de voir des objets en trois dimensions parce qu'ils ont deux yeux espacés. Chaque œil voit une image légèrement différente, et le cerveau les fusionne pour créer une perception en 3D.

L'histoire du cinéma et des effets spéciaux

Georges Méliès, un magicien devenu cinéaste, est souvent considéré comme le pionnier des effets spéciaux au cinéma. Il a réalisé le célèbre film "Le Voyage dans la Lune" en 1902, où il a utilisé des techniques comme le stop-motion et les fonds peints.

Le premier film en couleur était un court-métrage de 1908 appelé "A Visit to the Seaside". Avant cela, les films étaient souvent coloriés à la main, image par image.

Le terme "blockbuster" vient à l'origine des bombes massives utilisées pendant la Seconde Guerre mondiale. Il a été utilisé pour la première fois dans les années 1940 dans le monde du cinéma pour décrire un film populaire et à grand succès.

La première femme réalisatrice de l'histoire du cinéma était Alice Guy-Blaché, qui a commencé à réaliser des films en 1896. Elle a même eu son propre studio de cinéma.

Le bruit de sabre laser dans "Star Wars" a été créé en combinant le son d'un projecteur de film vieux de 70 ans et le bruit d'un câble sous tension frappé par un marteau.

Les dinosaures de "Jurassic Park" n'étaient pas tous des effets spéciaux numériques. Certains étaient en fait de grandes marionnettes contrôlées par des personnes à l'intérieur.

Le film "Avatar" de James Cameron a utilisé une nouvelle technologie de capture de mouvement, permettant aux acteurs de voir en temps réel comment leurs mouvements se traduiraient en personnages numériques.

L'un des plus anciens trucages de cinéma est le "fondu enchaîné", où une image se transforme lentement en une autre. Ce trucage a été utilisé pour la première fois en 1903.

Le film "Matrix" est célèbre pour avoir popularisé l'effet de "bullet time", où le temps semble ralentir. Cet effet a été créé en utilisant une série de caméras disposées en cercle autour de l'action.

Le premier film à utiliser le son synchronisé était "Le Chanteur de Jazz" en 1927. Avant cela, les films étaient muets et souvent accompagnés par de la musique en direct.

Le personnage de Gollum dans "Le Seigneur des Anneaux" a été l'un des premiers à être entièrement créé par capture de mouvement, avec l'acteur Andy Serkis fournissant à la fois la voix et les mouvements du personnage.

Le premier film à utiliser des effets spéciaux numériques (CGI) était "Westworld" en 1973. Cependant, le premier film à utiliser le CGI de manière intensive était "Tron" en 1982.

La célèbre scène de la douche dans "Psychose" d'Alfred Hitchcock a utilisé du sirop de chocolat comme faux sang parce qu'il apparaissait mieux en noir et blanc.

L'expression "It's a wrap" utilisée à la fin des tournages vient des temps où les films étaient tournés sur pellicule. Une fois le tournage terminé, la pellicule était littéralement enveloppée et envoyée pour le montage.

Le film "La Vie est belle" de Frank Capra a été l'un des premiers à utiliser la neige artificielle. Avant cela, les cinéastes utilisaient souvent de la farine de maïs ou du coton, mais cela était inflammable.

Le film "Inception" a utilisé un mélange d'effets spéciaux numériques et de décors physiques pour créer ses mondes oniriques. Par exemple, la scène du couloir tournant a été réalisée en construisant un vrai couloir rotatif.

Dans les premiers jours du cinéma, les films étaient souvent projetés sur des écrans blancs ou même des draps. Les projecteurs étaient si bruyants qu'ils étaient généralement placés dans une pièce séparée.

Le film "ET l'extra-terrestre" était si secret pendant sa production que le scénario était souvent écrit sur du papier de couleur pour éviter les photocopies non autorisées.

Dans le film "Toy Story", les créateurs ont dû inventer une nouvelle forme de CGI pour créer des textures plus réalistes pour les jouets. C'était la première fois que le CGI était utilisé pour un film entier.

Le film "Blanche-Neige et les sept nains" était le premier long métrage d'animation. Beaucoup ont pensé que ce serait un échec, mais il a finalement été un grand succès et a ouvert la voie à l'industrie du film d'animation.

Les grandes femmes de l'histoire

Jeanne d'Arc, une jeune fille paysanne de 17 ans, a mené l'armée française à plusieurs victoires importantes pendant la guerre de Cent Ans contre l'Angleterre. Elle a été capturée et brûlée sur le bûcher, mais elle est devenue une héroïne nationale et une sainte.

Marie Curie était une physicienne et chimiste qui a découvert les éléments radium et polonium. Elle a été la première femme à remporter un prix Nobel et la seule femme à avoir remporté des prix Nobel dans deux domaines différents: la physique et la chimie.

Rosa Parks, une femme noire aux États-Unis, a refusé de céder son siège à un passager blanc dans un bus en 1955. Son acte de désobéissance civile a été un moment clé dans le mouvement des droits civiques aux États-Unis.

Harriet Tubman était une esclave qui s'est échappée en 1849 et est devenue une "conductrice" sur le chemin de fer clandestin, aidant d'autres esclaves à s'échapper vers la liberté. Elle a également été une espionne pour l'armée de l'Union pendant la guerre civile américaine.

Frida Kahlo était une artiste mexicaine connue pour ses autoportraits et son style unique. Malgré de graves problèmes de santé et un accident de bus dévastateur, elle a continué à peindre jusqu'à sa mort.

Helen Keller est née sourde et aveugle, mais avec l'aide de sa tutrice Anne Sullivan, elle a appris à communiquer et est devenue une auteure, une militante et une conférencière inspirante.

Malala Yousafzai, une jeune Pakistanaise, a été attaquée par les talibans pour avoir défendu le droit des filles à l'éducation. Elle a survécu et est devenue la plus jeune lauréate du prix Nobel de la paix.

Cléopâtre était l'une des derniers pharaons de l'Égypte antique. Elle était également une stratège politique habile et une diplomate qui a eu des liaisons avec des dirigeants romains comme Jules César et Marc Antoine.

Simone de Beauvoir était une philosophe française qui a écrit "Le Deuxième Sexe", un texte fondamental dans le développement du féminisme. Elle a exploré les façons dont les femmes ont été historiquement considérées comme "l'autre" dans une société dominée par les hommes.

Amelia Earhart était une aviatrice américaine qui a été la première femme à voler seule à travers l'Atlantique. Elle a disparu mystérieusement pendant une tentative de voler autour du monde, mais son héritage a inspiré de nombreuses femmes à poursuivre des carrières dans l'aviation et d'autres domaines dominés par les hommes.

Mère Teresa a consacré sa vie à aider les pauvres et les malades à Calcutta, en Inde. Elle a fondé les Missionnaires de la Charité et a reçu le prix Nobel de la paix pour son dévouement au service des autres.

Anne Frank était une jeune fille juive qui s'est cachée avec sa famille pendant la Seconde Guerre mondiale. Son journal intime, découvert après qu'elle soit décédée dans un camp de concentration, est devenu un symbole émouvant des souffrances endurées sous l'occupation nazie.

Soraya Tarzi, reine d'Afghanistan dans les années 1920, était une ardente défenseure des droits des femmes. Elle a ouvert des écoles pour filles et a encouragé les femmes à participer à la vie publique.

Margaret Thatcher était la première femme à devenir Premier ministre du Royaume-Uni. Surnommée la "Dame de fer", elle était connue pour ses politiques économiques libérales et sa forte personnalité.

Emmeline Pankhurst était une militante britannique qui a lutté pour le droit de vote des femmes. Elle était connue pour ses tactiques de protestation radicales et a été emprisonnée à plusieurs reprises pour ses activités.

Billie Holiday était une chanteuse de jazz américaine qui a utilisé sa voix pour lutter contre le racisme. Sa chanson "Strange Fruit" sur les lynchages dans le Sud des États-Unis est devenue un hymne des droits civiques.

Benazir Bhutto a été la première femme à diriger un pays musulman majoritaire, en tant que Premier ministre du Pakistan. Malgré les défis politiques et les scandales de corruption, elle reste une figure importante dans la lutte pour les droits des femmes dans le monde musulman.

Olympe de Gouges était une militante politique française et une écrivaine qui a été l'une des premières à revendiquer les droits des femmes pendant la Révolution française. Elle a été exécutée pour ses opinions radicales.

Katherine Johnson était une mathématicienne afro-américaine qui a travaillé pour la NASA. Elle a joué un rôle clé dans le succès de plusieurs missions spatiales, y compris le premier vol spatial humain de John Glenn autour de la Terre.

Le sport

Le basket-ball a été inventé par un professeur d'éducation physique canadien, James Naismith, en 1891. Il cherchait un sport d'intérieur pour occuper ses élèves pendant l'hiver et a eu l'idée d'accrocher un panier à un mur.

Le baseball, parmi les sports les plus traditionnels, se pratique sous différentes variantes depuis le XVIIIe siècle. Mais étiez-vous au courant que le noyau de la première balle de baseball moderne était confectionné à partir de la matière d'une chaussure équine ?

Le cricket est si populaire en Inde que lors des grands matchs, les rues peuvent être désertes. Sachin Tendulkar, considéré comme l'un des meilleurs joueurs de cricket de tous les temps, est quasiment un dieu en Inde.

Le hockey sur glace est le sport national du Canada, mais saviez-vous que le premier match documenté a eu lieu à Montréal en 1875, et ils ont utilisé une balle de caoutchouc à la place d'un palet ?

Le surf peut avoir l'air cool aujourd'hui, mais il est pratiqué depuis des siècles à Hawaï. Les premiers surfeurs utilisaient de grandes planches en bois et surfaient sur des vagues énormes comme un rituel spirituel.

La plongée sous-marine est devenue un sport populaire, mais saviez-vous que le premier scaphandre autonome a été inventé par Jacques Cousteau ? Il a permis aux plongeurs de rester sous l'eau pendant une plus longue période.

La lutte est un des sports les plus anciens et était même pratiquée dans les Jeux olympiques antiques. Les règles étaient beaucoup plus simples à l'époque : le premier à toucher le sol avec n'importe quelle partie du corps autre que les pieds perdait.

Les Jeux Paralympiques ont été créés pour les athlètes ayant un handicap physique. Le premier a eu lieu en 1960 à Rome, et aujourd'hui, ils suivent les Jeux olympiques tous les quatre ans.

Le badminton est souvent joué comme un jeu décontracté, mais au niveau professionnel, le volant peut atteindre des vitesses allant jusqu'à 320 km/h ! C'est le sport de raquette le plus rapide du monde.

Le football américain a des origines surprenantes. Il a été développé à partir du rugby et du soccer et le premier match a été joué entre deux collèges américains en 1869. Le match était si différent qu'il serait à peine reconnaissable aujourd'hui !

Le skateboard a commencé comme un passe-temps pour les surfeurs qui voulaient « surfer les rues » quand les vagues étaient trop petites. Aujourd'hui, il est même devenu un sport olympique.

Le judo est plus qu'un simple sport, c'est aussi une philosophie. Créé au Japon, il signifie « la voie de la douceur » et enseigne des principes comme le respect et la discipline.

La Formule 1 est non seulement un sport de vitesse, mais aussi un sport de technologie. Les voitures peuvent coûter des millions de dollars et sont conçues avec une précision extrême pour optimiser chaque aspect, du carburant à l'aérodynamique.

Le tennis de table, souvent appelé ping-pong, est un sport olympique depuis 1988. Malgré sa petite taille, la balle peut voyager à des vitesses allant jusqu'à 110 km/h lors des matchs professionnels.

Le parkour est un sport où le but est de se déplacer d'un point A à un point B le plus rapidement possible, en utilisant seulement le corps pour sauter, grimper et rouler. Il a été popularisé en France et s'est depuis étendu dans le monde entier.

La musique et les instruments

Le piano a une histoire fascinante. Saviez-vous que ses ancêtres sont le clavecin et le clavicorde ? Le piano moderne a été inventé par Bartolomeo Cristofori en Italie au début du 18e siècle, et il a révolutionné la musique classique.

Vous connaissez sûrement le violon, mais saviez-vous que son ancêtre est le rebec, un instrument du Moyen Âge ? Le violon est apparu en Italie au 16e siècle et a été perfectionné par des fabricants comme Antonio Stradivari.

L'harmonica est souvent associé au blues et à la musique folk, mais il a des origines européennes. Inventé en Allemagne au 19e siècle, il était à l'origine conçu pour jouer des musiques folkloriques européennes avant de devenir populaire aux États-Unis.

La guitare électrique a été inventée dans les années 1930, mais elle est devenue iconique dans les années 1950 avec des musiciens comme Chuck Berry et Elvis Presley. Les guitares comme la Gibson Les Paul ou la Fender Stratocaster sont devenues des légendes à part entière.

Le saxophone a été inventé par un Belge, Adolphe Sax, en 1840. Il voulait créer un instrument qui combinerait la force des instruments en cuivre et la douceur des instruments en bois. Aujourd'hui, le saxophone est un élément essentiel du jazz et de la musique pop.

La flûte est l'un des plus anciens instruments de musique connus. Des flûtes faites à partir d'os d'animaux datant de la préhistoire ont été trouvées. Elles avaient déjà des trous pour jouer différentes notes !

La batterie est en réalité un ensemble d'instruments de percussion rassemblés. Les pièces comme la grosse caisse, la caisse claire et les cymbales ont toutes des origines diverses, de l'Afrique à l'Asie, et ont été combinées pour former la batterie moderne.

Le theremin est un instrument électronique innovant conçu pour être joué sans contact physique. Développé par Léon Theremin en 1920, cet instrument utilise deux antennes pour détecter la position des mains du musicien et produire des sons. Les mouvements des mains dans l'espace autour des antennes modulent le pitch et le volume du son produit.

Le didgeridoo est un instrument des aborigènes d'Australie qui peut avoir plus de mille ans. Il est fabriqué à partir d'une branche d'eucalyptus creusée par des termites et produit un son profond et hypnotique.

La cornemuse est souvent associée à l'Écosse, mais elle a des origines bien plus anciennes. On pense que la cornemuse a été créée il y a environ 3 000 ans au Moyen-Orient avant de se répandre en Europe.

Le sousaphone est une sorte de tuba conçu pour être plus facile à jouer en marchant. Il a été inventé par le célèbre musicien de marching band John Philip Sousa, d'où son nom.

La harpe est souvent associée à la musique classique et aux anges, mais elle est aussi un instrument important dans la musique celtique. Les harpes celtiques sont plus petites et souvent ornées de motifs décoratifs.

Le synthétiseur a révolutionné la musique moderne. Il peut imiter presque tous les instruments et créer de nouveaux sons. Des groupes comme Kraftwerk ont utilisé des synthétiseurs pour créer des genres de musique entièrement nouveaux.

Les maracas sont des instruments de percussion originaires d'Amérique latine. Ils sont souvent fabriqués à partir de fruits séchés remplis de graines ou de cailloux, et sont utilisés dans des styles de musique comme la salsa et le reggae.

L'ocarina est un petit instrument à vent en forme d'oiseau ou de poisson. Il a des origines antiques, des civilisations chinoises aux tribus amérindiennes. Le son de l'ocarina est doux et mélodieux.

L'accordéon est un instrument à touches et à soufflet inventé en Europe au 19e siècle. Il est utilisé dans une variété de styles musicaux, du musette français à la musique cajun de la Louisiane.

La cithare est un ancien instrument à cordes qui était populaire dans la Grèce antique. Elle est souvent représentée dans l'art et la mythologie grecs et était associée au dieu Apollon.

Le tambour djembé est originaire d'Afrique de l'Ouest et est fait à partir d'un seul tronc d'arbre évidé. Il produit une grande variété de sons, du grondement profond aux aigus claquants, et est souvent utilisé dans les cercles de tambour.

La mandoline a des origines italiennes et est devenue populaire aux États-Unis grâce à la musique bluegrass. Elle a une forme similaire à celle du violon, mais se joue comme une guitare.

Le banjo a des racines en Afrique et a été apporté en Amérique par les esclaves. Il est devenu un élément clé de la musique folk américaine et est connu pour son son unique et sa technique de jeu complexe.

Science

L'eau peut exister en trois états différents : solide, liquide et gazeux. Mais saviez-vous qu'il existe un quatrième état de l'eau appelé "eau supercritique" ? À des températures et des pressions extrêmes, l'eau devient un fluide supercritique avec des propriétés à la fois liquides et gazeuses.

Les étoiles filantes ne sont pas vraiment des étoiles. En réalité, ce sont des météorites qui brûlent en entrant dans l'atmosphère terrestre. Si elles survivent à la traversée et atterrissent sur Terre, elles sont appelées météorites.

La lumière du soleil met environ huit minutes et vingt secondes pour atteindre la Terre. Cela signifie que si le Soleil s'éteignait soudainement, nous ne le saurions pas avant huit minutes !

Les fourmis sont incroyablement fortes pour leur taille. Elles peuvent porter jusqu'à 50 fois leur propre poids ! Imaginez que vous portiez une voiture sur votre dos, c'est à peu près l'équivalent pour une fourmi.

La lave du volcan n'est pas la seule chose qui peut être dangereuse. Les gaz volcaniques comme le dioxyde de soufre peuvent être tout aussi mortels. Ils peuvent se mélanger à l'eau et créer des pluies acides.

Le cerveau humain est composé d'environ 86 milliards de neurones. Ces neurones communiquent entre eux par de petits signaux électriques. C'est ainsi que nous pensons, bougeons et ressentons des émotions.

La foudre est si chaude qu'elle peut faire bouillir l'eau instantanément ! Elle peut atteindre des températures jusqu'à 30 000 degrés Celsius, c'est-à-dire cinq fois plus chaud que la surface du soleil.

Les plantes carnivores comme la dionée attrape-mouche ne mangent pas seulement des insectes pour le plaisir. Elles le font parce qu'elles vivent souvent dans des sols pauvres en nutriments et ont besoin d'autres sources de nourriture.

Il existe un phénomène fascinant appelé "murmuration" où des milliers d'oiseaux, souvent des étourneaux, volent ensemble en créant des formes incroyables dans le ciel. Cela leur permet de se protéger des prédateurs.

Les vers de terre n'ont pas de poumons. Alors, comment respirent-ils ? Ils utilisent leur peau ! L'oxygène passe à travers leur peau humide et entre directement dans leur système circulatoire.

L'ADN humain et celui de la banane sont étonnamment similaires. En fait, environ 60 % de notre ADN est identique à celui de la banane ! Alors, la prochaine fois que vous mangerez une banane, pensez à votre cousin éloigné.

Les aimants ont un pôle nord et un pôle sud. Si vous coupez un aimant en deux, vous n'obtiendrez pas un pôle nord isolé et un pôle sud isolé. Chaque moitié deviendra un nouvel aimant avec ses propres pôles nord et sud.

Le venin de l'araignée veuve noire est en réalité plus puissant que celui du crotale, mais la veuve noire injecte une quantité beaucoup plus petite, ce qui la rend généralement moins dangereuse pour les humains.

Il y a plus de bactéries dans votre bouche que d'êtres humains sur Terre ! Mais ne vous inquiétez pas, la plupart d'entre elles sont inoffensives ou même bénéfiques pour votre santé.

Les tornades peuvent être incroyablement puissantes. Les plus fortes peuvent atteindre des vitesses de vent de plus de 480 km/h et soulever des objets aussi lourds que des voitures !

Les caméléons ne changent pas de couleur pour se fondre dans leur environnement. Ils le font principalement pour communiquer avec d'autres caméléons et pour réguler leur température.

Les abeilles ont cinq yeux ! Elles ont deux grands yeux composés sur les côtés de la tête et trois petits yeux sur le dessus. Ces petits yeux les aident à détecter la lumière et l'obscurité.

L'acide dans votre estomac est si puissant qu'il peut dissoudre un rasoir en métal. Heureusement, les cellules de la paroi de votre estomac se régénèrent rapidement, ce qui empêche l'acide de vous digérer vous-même.

Le son voyage plus vite dans l'eau que dans l'air. C'est pourquoi les sous-marins utilisent des sonars pour communiquer ou détecter d'autres objets sous l'eau.

Les éclipses solaires totales sont plus rares que vous ne le pensez. En moyenne, elles n'arrivent que tous les 18 mois quelque part sur Terre. Mais pour un lieu donné, il peut s'écouler des centaines d'années entre deux éclipses totales.

Théâtre et spectacle

Le théâtre d'ombres chinoises est l'un des plus anciens types de théâtre du monde. En utilisant des silhouettes en papier ou en cuir devant une source de lumière, les artistes racontent des histoires qui peuvent être à la fois simples et très complexes.

La Commedia dell'arte est un type de théâtre italien où les acteurs portent des masques pour représenter des personnages stéréotypés. Ces personnages, comme Arlequin et Pantalon, sont devenus des archétypes dans le théâtre et la littérature.

Les pièces de Shakespeare étaient souvent jouées en plein jour, et non en soirée. Le célèbre Globe Theatre à Londres n'avait pas de toit, ce qui signifie que les spectacles étaient à la merci de la météo!

Les décors de théâtre n'étaient pas toujours aussi sophistiqués qu'aujourd'hui. Au 17e siècle, un panneau indiquant « Forêt » ou « Château » était souvent la seule indication du lieu où se déroulait la scène.

Le fameux « rideau de fer » dans les théâtres n'est pas seulement décoratif. Il est conçu pour être résistant au feu, afin de protéger le public en cas d'incendie sur scène.

Le mime Marcel Marceau a sauvé des enfants pendant la Seconde Guerre mondiale en utilisant ses compétences en mime pour les aider à échapper à l'occupation nazie. Il les a guidés en silence à travers des forêts et des montagnes pour éviter la détection.

Le théâtre kabuki au Japon utilise un grand nombre d'effets spéciaux, appelés « keren ». Ces effets peuvent inclure des changements rapides de costume ou même des éléments de scène qui tournent et se transforment.

Le terme « vaudeville » ne désigne pas un style de performance, mais un type de divertissement. Le vaudeville était une série de numéros variés, comme de la comédie, de la danse et des tours de magie, souvent présentés en un seul spectacle.

Le théâtre de rue est une forme d'art vivant qui a lieu en dehors des espaces de théâtre traditionnels. Il peut tout inclure, de la mime à la jonglerie, et est souvent utilisé pour aborder des questions sociales ou politiques.

Le Broadway à New York et le West End à Londres sont considérés comme les deux plus grands centres de théâtre du monde occidental. Pourtant, ces deux districts de théâtre ne contiennent qu'une petite fraction des théâtres de leurs villes respectives.

Les acteurs grecs antiques portaient des masques avec des bouches en forme de cornet pour aider à projeter leur voix, comme un mégaphone, afin que tout le monde dans l'auditoire puisse les entendre.

Le « quatrième mur » est une idée en théâtre qui représente la séparation invisible entre les acteurs sur scène et le public. Lorsqu'un acteur parle directement au public, on dit qu'il « brise le quatrième mur ».

Le théâtre Nô au Japon est l'un des plus anciens styles de théâtre encore pratiqués aujourd'hui. Les acteurs portent des masques et des costumes élaborés, et les pièces peuvent souvent durer toute la journée.

L'expression « Être dans le feu des projecteurs » vient du théâtre. Les projecteurs sont utilisés pour mettre en lumière un acteur ou une action spécifique sur scène, attirant ainsi toute l'attention du public.

Le prix Tony est l'une des plus hautes distinctions dans le monde du théâtre. Il a été nommé en l'honneur d'Antoinette Perry, une actrice, réalisatrice et cofondatrice de l'American Theatre Wing.

Les troupes de théâtre itinérantes étaient courantes dans le passé. Ces troupes voyageaient de ville en ville pour présenter des spectacles, souvent sous un chapiteau ou dans des salles de bal.

Le « théâtre en rond » est une configuration où la scène est entourée de sièges sur trois ou quatre côtés, permettant au public d'avoir une vue plus intime de la performance.

En France, la Comédie-Française, fondée en 1680, est la plus ancienne troupe de théâtre encore active aujourd'hui. Elle a le monopole sur la représentation des pièces de Molière.

Le terme « dramaturgie » ne concerne pas seulement l'écriture de pièces de théâtre, mais aussi l'étude de la structure et de la forme du drame. Un « dramaturge » est souvent consulté lors de la production d'une nouvelle pièce.

Dans le théâtre, les superstitions sont prises très au sérieux. Par exemple, il est considéré comme de la malchance de dire le mot « Macbeth » dans un théâtre, sauf pendant les répétitions ou les représentations de la pièce elle-même. On l'appelle souvent « la pièce écossaise » pour éviter la malédiction.

Anthropologie

Dans certaines cultures, comme chez les Maoris en Nouvelle-Zélande, les tatouages ne sont pas seulement esthétiques, mais racontent l'histoire de la personne et de sa famille. Les motifs sont soigneusement choisis et chaque détail a une signification.

Les pygmées Aka d'Afrique centrale sont souvent cités comme un exemple fascinant de paternité active. Dans cette communauté, les pères passent plus de temps à s'occuper de leurs enfants que dans n'importe quelle autre société connue.

Le carnaval de Venise en Italie est célèbre pour ses masques élaborés. Mais saviez-vous que chaque type de masque a une signification spécifique ? Certains masques sont destinés à représenter des personnages historiques ou mythologiques.

Les rites de passage sont des cérémonies qui marquent des étapes importantes de la vie, comme l'adolescence ou le mariage. Chez les Massaïs en Afrique, les jeunes garçons doivent prouver leur bravoure en chassant un lion.

Le potlatch est une tradition des peuples autochtones de la côte ouest du Canada et des États-Unis. Lors de ces grandes fêtes, les hôtes donnent des cadeaux aux invités, non pas pour être généreux, mais pour montrer leur richesse et leur statut social.

Les Vikings n'étaient pas seulement des guerriers, mais aussi des commerçants et des explorateurs. Ils ont même atteint l'Amérique du Nord bien avant Christophe Colomb, comme le prouvent les vestiges archéologiques trouvés à Terre-Neuve.

En Inde, la tradition du yoga a plus de 5 000 ans. Ce n'est pas seulement une forme d'exercice, mais une pratique spirituelle qui vise à harmoniser le corps et l'esprit.

Les geishas au Japon ne sont pas des « dames de compagnie » comme on le pense souvent, mais des artistes hautement qualifiées dans des domaines comme la musique, la danse et la conversation.

Chez les Amish aux États-Unis, les jeunes ont une période appelée « rumspringa » pendant laquelle ils peuvent explorer le monde extérieur avant de décider de rejoindre définitivement la communauté amish.

Dans la culture inuite, le concept de « kunlangeta » désigne une personne qui ment, triche ou vole. Pour aider cette personne à se réinsérer dans la communauté, elle peut être invitée à une partie de chasse qui sert aussi de thérapie.

Le peuple San d'Afrique australe utilise des cliquetis dans sa langue. Ce sont des sons produits en collant et en décollant la langue du palais, un peu comme le bruit que l'on fait pour inciter un cheval à avancer.

Les Aïnous sont les habitants indigènes de certaines îles au nord du Japon. Contrairement aux Japonais, ils ont une apparence physique différente et une culture unique qui inclut des tatouages faciaux pour les femmes.

En Éthiopie, la tribu Hamar a une cérémonie unique pour les jeunes hommes qui deviennent adultes. Ils doivent courir sur le dos de vaches alignées sans tomber, pendant que les femmes de la tribu les encouragent en chantant.

Dans la Rome antique, le « vomitorium » n'était pas un endroit pour vomir après un repas excessif, comme on le pense souvent. C'était en fait une entrée ou une sortie dans un amphithéâtre, conçue pour permettre aux spectateurs de quitter rapidement la salle.

Dans certaines tribus d'Amazonie, quand une personne meurt, ses cendres ou ses os sont parfois mélangés à de la nourriture que mange ensuite la famille. C'est une façon pour eux de garder le défunt vivant dans leur mémoire.

En Papouasie-Nouvelle-Guinée, il existe une tribu appelée les Asaro ou « les hommes boue ». Pour effrayer leurs ennemis, ils se couvrent de boue et portent des masques terrifiants faits d'argile.

Le peuple Sámi en Scandinavie élève des rennes depuis des siècles. Les rennes sont si importants pour eux qu'ils ont des centaines de mots différents pour décrire les différentes parties du corps de l'animal.

Dans la Grèce antique, les Spartiates avaient une éducation militaire stricte dès leur plus jeune âge. Les enfants étaient testés dès leur naissance et seuls les plus forts étaient gardés pour devenir des guerriers.

En Chine, la tradition du pied bandé chez les femmes était considérée comme un signe de beauté et de statut social élevé. Heureusement, cette pratique douloureuse et dangereuse est aujourd'hui interdite.

Les lois

Dans le Vermont, aux États-Unis, il est interdit de mettre du linge à sécher sur un trottoir public. Cette loi peut sembler étrange, mais elle existe pour des raisons de sécurité et d'hygiène.

En France, il est illégal de nommer un cochon Napoléon. Cette loi remonte à l'époque de Napoléon Bonaparte et visait à empêcher le ridicule du grand homme d'État.

En Arabie Saoudite, il n'y a pas de rivières, mais il est quand même illégal de pêcher dans une source ou un puits sans permission. Cette loi est en place pour protéger les ressources en eau limitées du pays.

Au Royaume-Uni, il est illégal de mourir dans les bâtiments du Parlement. Techniquement, c'est parce que toute personne qui meurt là-bas doit recevoir des funérailles d'État, et cela pourrait être compliqué.

Dans l'état de l'Oregon, aux États-Unis, les chasseurs ne peuvent pas utiliser des lassos pour attraper des poissons. Oui, vous avez bien entendu, des lassos !

À Singapour, la vente de chewing-gum est interdite pour garder les rues propres. Cette loi a été assouplie pour les gommes sans sucre, mais les infractions peuvent toujours entraîner de lourdes amendes.

Au Canada, si vous devez payer une amende, il est illégal de le faire en utilisant uniquement des pièces de 1 cent. Cette loi vise à éviter les paiements encombrants.

En Suisse, il est illégal de tirer la chasse d'eau dans un appartement après 22 heures. Cette loi est là pour maintenir la paix et la tranquillité.

À Turin, en Italie, il est obligatoire pour les chiens d'être promenés au moins trois fois par jour. Cette loi vise à garantir le bien-être des animaux de compagnie.

En Thaïlande, il est illégal de marcher sur de l'argent. Le visage du roi apparaît sur les billets et les pièces de monnaie, et le piétiner serait considéré comme un manque de respect envers la monarchie.

Dans l'état de l'Alabama aux États-Unis, il est illégal de jouer au dominos le dimanche. Cette loi est une relique des « lois bleues » qui réglementaient les activités du dimanche.

En Australie, il est illégal de nommer un animal que vous avez l'intention de manger. Cette loi cherche à prévenir l'attachement émotionnel à l'animal.

À Hawaï, il est illégal de coller une pièce de monnaie dans l'oreille de quelqu'un. La raison de cette loi inhabituelle reste un mystère.

Au Danemark, il n'est pas autorisé de démarrer une voiture sans vérifier d'abord si quelqu'un est en dessous. Cette loi est là pour des raisons de sécurité, bien qu'elle semble un peu excessive.

En Grèce, les jeux électroniques ont été interdits de 2002 à 2011 dans le but de lutter contre les jeux d'argent illégaux.

En Arizona, aux États-Unis, les ânes ne peuvent pas dormir dans des baignoires. Cette loi date d'un incident où un âne a été emporté par une crue tout en dormant dans une baignoire.

À Rome, il est illégal de conduire une charrette sans freins. Cette loi date de l'époque romaine et est toujours en vigueur.

Au Brésil, il est illégal de faire du bruit avec une épée de samouraï dans un cinéma. Cette loi vise à réduire les distractions pendant les films.

À Tuszyn, une petite ville en Pologne, il est illégal de faire entrer Winnie l'Ourson dans un parc pour enfants. Les autorités estiment que l'ours de fiction est mal habillé et a une moralité douteuse.

En Chine, il est illégal pour les moines bouddhistes de se réincarner sans permission du gouvernement. Cette loi est en place pour contrôler la population monastique.

Les entreprises

Le terme "freelance" vient de l'époque médiévale où les chevaliers qui n'étaient pas attachés à un seigneur étaient appelés "free lances". Aujourd'hui, cela désigne quelqu'un qui travaille à son compte, sans contrat à long terme avec un employeur.

En 1987, le premier nom de domaine jamais enregistré était Symbolics.com. Il appartenait à une entreprise de fabrication d'ordinateurs, mais maintenant il sert de site Web d'information financière.

Le mot "patron" vient du vieux français "baston", qui signifie "bâton". À l'origine, un "bâton" était une mesure de la quantité de travail effectuée, donc le "patron" était celui qui gardait la trace du travail.

Le logo de la marque Toyota est en fait un design astucieux qui contient toutes les lettres du mot "Toyota". Il a été créé en 1990 et est destiné à symboliser la vision globale de l'entreprise.

La première carte de crédit a été créée parce que son inventeur, Frank McNamara, avait oublié son portefeuille lors d'un dîner d'affaires. Embarrassé, il a pensé à un moyen de payer sans argent liquide et a lancé la Diners Club Card en 1950.

La monnaie Bitcoin a été créée par une personne ou un groupe de personnes utilisant le pseudonyme de Satoshi Nakamoto. Malgré de nombreuses tentatives pour découvrir leur identité, elle reste un mystère.

Le premier produit vendu en ligne était un CD de Sting, acheté en 1994. Le commerce en ligne était encore à ses débuts et le CD a pris une semaine pour être livré !

Le concept de "Happy Hour" est né à bord des navires de la Marine américaine dans les années 1920. C'était une période de divertissements pour les marins, et maintenant c'est un terme largement utilisé pour des réductions dans les bars et les restaurants.

Jeff Bezos a fondé Amazon dans son garage en 1994. À l'origine, la société ne vendait que des livres, mais elle s'est rapidement étendue pour devenir le géant du commerce en ligne que nous connaissons aujourd'hui.

Les barres Toblerone ont été conçues pour ressembler aux Alpes suisses. Leur créateur, Theodor Tobler, était un chocolatier suisse passionné par les montagnes.

La première publicité télévisée a été diffusée en 1941, avant un match de baseball. Elle durait seulement 20 secondes et coûtait 9 dollars à l'annonceur.

Le mot "entreprise" vient du vieux français "entreprendre", qui signifie "entreprendre quelque chose". Le terme a évolué au fil du temps pour désigner une organisation qui vise à gagner de l'argent.

Starbucks doit son nom au personnage Starbuck dans le roman "Moby Dick". Les fondateurs cherchaient un nom qui évoquait le romantisme de la haute mer et le grand patrimoine maritime de Seattle.

Le célèbre logo "Swoosh" de Nike a été conçu par une étudiante en graphisme pour seulement 35 dollars. Aujourd'hui, il est l'un des logos les plus reconnus dans le monde.

Le terme "pot-de-vin" vient du vieux français "pour boire", qui était une somme d'argent donnée pour acheter un verre à boire. Aujourd'hui, c'est un terme pour un paiement illégal pour obtenir un avantage.

La première machine distributrice a été inventée par un prêtre égyptien au premier siècle. Elle distribuait de l'eau bénite en échange d'une pièce de monnaie.

Le mot "salaire" vient du latin "salarium", qui était l'argent donné aux soldats romains pour l'achat de sel. Le sel était une denrée précieuse à l'époque.

Dans le monde des affaires, un "mouton noir" est un investissement qui donne des rendements médiocres ou négatifs. L'expression vient de l'idée que les moutons noirs étaient moins précieux que leurs homologues blancs parce qu'ils fournissaient de la laine de couleur indésirable.

Le "Cyber Monday" a été créé par des détaillants en ligne en 2005 pour encourager les gens à faire des achats en ligne. Il suit le "Black Friday" et est devenu l'un des jours les plus rentables pour le commerce en ligne.

Politique

Lors de sa construction, la Maison Blanche aux États-Unis n'était pas blanche, mais grise. Elle a été peinte en blanc après avoir été partiellement brûlée pendant la guerre de 1812 contre le Royaume-Uni.

Le mot "candidat" vient du latin "candidatus", qui signifie "vêtu de blanc". Dans la Rome antique, ceux qui se présentaient à des fonctions publiques portaient des toges blanches pour se distinguer.

La tour de l'horloge du Parlement britannique est souvent appelée Big Ben, mais en réalité, Big Ben est le nom de la cloche à l'intérieur de la tour. La tour elle-même s'appelle la tour Elizabeth.

Le terme "veto" vient du latin et signifie "je m'oppose". Dans la Rome antique, un "veto" était une manière pour un fonctionnaire de bloquer une décision prise par un autre.

Dans certains pays, comme l'Australie, il est obligatoire de voter. Si vous ne votez pas, vous pouvez être condamné à une amende ou même à des travaux d'intérêt général.

Le bouton nucléaire n'est pas vraiment un bouton. Aux États-Unis, le président doit utiliser un ensemble de codes et de protocoles pour lancer une attaque nucléaire. C'est beaucoup plus compliqué que simplement appuyer sur un bouton.

Le mot "politique" vient du grec "polis", qui signifie "cité" ou "État". La politique est donc littéralement l'affaire de la cité ou de l'État.

Le plus jeune président élu aux États-Unis était John F. Kennedy, qui avait 43 ans lorsqu'il a pris ses fonctions. Le plus âgé est Joe Biden, qui avait 78 ans lors de son investiture.

Le concept de "démocratie" est né à Athènes, en Grèce, il y a plus de 2500 ans. Le mot signifie "pouvoir du peuple", et c'était une manière pour les citoyens de participer directement aux décisions de leur cité.

L'Islande est le pays qui a le plus ancien Parlement en fonctionnement continu au monde. Il a été fondé en l'an 930 et s'appelle l'Althing.

La première femme élue à la tête d'un pays était Sirimavo Bandaranaike du Sri Lanka en 1960. Elle a été suivie par de nombreuses autres femmes leaders dans le monde entier.

Napoléon Bonaparte n'était pas vraiment petit. La rumeur de sa petite taille est due à une erreur de conversion entre le système de mesure français et britannique. Il mesurait environ 1,69 mètre, ce qui était dans la moyenne pour son époque.

La "Course à l'espace" pendant la Guerre froide n'était pas seulement une compétition technologique, mais aussi une démonstration de la puissance politique et idéologique entre les États-Unis et l'Union soviétique.

Avant d'être président des États-Unis, Ronald Reagan était un acteur de cinéma. Il a même joué dans un film avec un singe nommé Bonzo !

Le mot "sénateur" vient du latin "senex", qui signifie "vieux" ou "ancien". Le Sénat était vu comme une assemblée de sages dans la Rome antique.

La notion de "droite" et "gauche" en politique vient de la Révolution française. Les partisans du roi étaient assis à la droite du président de l'assemblée, et les révolutionnaires à la gauche.

Nelson Mandela a passé 27 ans en prison avant de devenir le premier président noir d'Afrique du Sud. Il est devenu un symbole mondial de la résistance à l'oppression.

Le drapeau des Nations Unies a été adopté en 1947 et représente une carte du monde encerclée par des branches d'olivier, symbolisant la paix et la coopération internationale.

Le "smiley" ☺ a été utilisé pour la première fois en politique par un candidat à la mairie de New York en 1953. Il a été imprimé sur des badges pour rendre le candidat plus sympathique.

Le mot "lobbying" vient du hall ou "lobby" des hôtels et des bâtiments du gouvernement où les gens attendaient pour parler aux politiciens. Aujourd'hui, c'est une pratique courante pour influencer les décisions politiques.

Drapeau

Le drapeau du Népal est le seul drapeau national qui n'est pas rectangulaire. Il est fait de deux triangles empilés, symbolisant les montagnes de l'Himalaya et les deux principales religions du pays, l'hindouisme et le bouddhisme.

Saviez-vous que le drapeau des pirates, le fameux "Jolly Roger" avec un crâne et des os croisés, avait une signification ? Il était conçu pour effrayer et intimider les équipages des navires marchands, les incitant à se rendre sans combattre.

Le drapeau du Brésil est assez unique. Les 27 petites étoiles dans le cercle bleu représentent les 26 États brésiliens et le District fédéral. Les étoiles sont disposées comme elles apparaissaient dans le ciel au-dessus de Rio de Janeiro le 15 novembre 1889, le jour où la République du Brésil a été proclamée.

Le drapeau canadien, avec sa feuille d'érable, est relativement nouveau. Avant 1965, le Canada utilisait le "Red Ensign", qui comprenait l'Union Jack et le blason du Canada. Le nouveau drapeau a été adopté pour représenter le Canada indépendamment de ses liens coloniaux.

L'Union Jack, le drapeau du Royaume-Uni, est une combinaison des drapeaux de l'Angleterre, de l'Écosse et de l'Irlande du Nord. Chacun de ces pays a sa propre croix, et elles sont toutes incluses dans l'Union Jack.

La bande blanche au milieu du drapeau français symbolise la royauté, tandis que le bleu et le rouge représentent la ville de Paris. Pendant la Révolution française, ces couleurs ont été adoptées comme symbole de liberté, d'égalité et de fraternité.

Le drapeau de la Grèce a neuf lignes bleues et blanches qui symbolisent les neuf syllabes du slogan national : "Liberté ou mort". Le bleu représente la mer et le ciel, tandis que le blanc représente la pureté du combat pour l'indépendance.

Le drapeau de l'Inde a sa bande orange pour symboliser le courage, le blanc pour la paix et la vérité, et le vert pour la fertilité et la prospérité. Au centre se trouve une roue à 24 rayons, appelée "Ashoka Chakra", représentant le cycle éternel de la vie.

Le drapeau de l'Australie a l'Union Jack dans le coin supérieur gauche pour symboliser son lien avec le Royaume-Uni. Les cinq étoiles à droite représentent la Croix du Sud, une constellation visible dans l'hémisphère sud.

Le drapeau de la Jamaïque est le seul drapeau national qui ne contient ni bleu, ni rouge, ni blanc. Il a du vert pour la richesse de la terre, du noir pour le peuple et de l'or pour la lumière du soleil.

Le drapeau de la Suisse est l'un des deux seuls drapeaux carrés dans le monde, l'autre étant celui du Vatican. La croix blanche sur fond rouge est un symbole de protection et de défense.

La bande rouge du drapeau de l'Autriche est souvent dite être symbolique du sang versé lors des batailles pour le pays. Cependant, il n'y a pas de preuve définitive de cette origine.

Le drapeau des États-Unis a 13 bandes pour les 13 colonies originales et 50 étoiles pour les 50 États actuels. Il a été conçu par Betsy Ross, une couturière de Philadelphie, selon la légende, mais cette histoire est largement considérée comme un mythe.

Le drapeau du Danemark, appelé le "Dannebrog", est le drapeau national le plus ancien encore en usage. Selon la légende, il est tombé du ciel pendant une bataille en 1219 pour encourager les troupes danoises.

Le drapeau de la Finlande, avec sa croix bleue sur fond blanc, symbolise les lacs et la neige du pays. Le bleu représente aussi la loyauté envers le pays.

Le drapeau du Japon, connu sous le nom de "Nisshōki", représente le soleil. Le cercle rouge symbolise le soleil sans rayons, représentant l'égalité et la simplicité.

Le drapeau de la Corée du Sud a un yin-yang au centre, entouré de quatre trigrammes. Ces éléments sont issus du taoïsme et du confucianisme et représentent l'équilibre et l'harmonie.

Médecine

La première greffe de cœur humain a été réalisée en 1967 par le chirurgien sud-africain Christiaan Barnard. L'opération a été un tel événement que les gens se sont rassemblés autour de postes de radio et de télévisions pour suivre les nouvelles.

Le processus de renouvellement osseux dans le corps humain est un phénomène continu où le tissu osseux est constamment décomposé et reformé. Environ tous les dix ans, la totalité de l'os est renouvelée grâce à cette activité régénératrice. Cela signifie que le squelette que tu as aujourd'hui n'est pas exactement le même que celui que tu avais il y a une décennie.

Dans l'Égypte ancienne, les médecins utilisaient des mouches pour aider à soigner des blessures. Ils pensaient que les mouches pouvaient nettoyer la blessure et accélérer le processus de guérison. Aujourd'hui, on sait que c'est une très mauvaise idée à cause des germes que les mouches peuvent porter.

Hippocrate, souvent considéré comme le "père de la médecine", a été le premier à suggérer que les maladies n'étaient pas causées par des forces surnaturelles, mais par des facteurs environnementaux et biologiques. Il a aussi rédigé le Serment d'Hippocrate, un code d'éthique que les médecins suivent encore aujourd'hui.

Au Moyen Âge, les gens pensaient que la saignée pouvait guérir toutes sortes de maladies. Le problème, c'est que beaucoup de patients perdaient tellement de sang qu'ils finissaient par mourir. Heureusement, cette pratique est tombée en désuétude.

La pénicilline, l'un des premiers antibiotiques, a été découverte par hasard. En 1928, le scientifique Alexander Fleming a remarqué que la moisissure avait tué les bactéries dans une boîte de Petri. C'était le début d'une nouvelle ère dans la médecine.

Les vaccins ont sauvé plus de vies que n'importe quel autre outil médical. Le vaccin contre la variole, par exemple, a permis d'éradiquer complètement cette maladie mortelle.

Le terme "médecin" vient du mot latin "medicus", qui signifie "celui qui guérit". Il a été utilisé pour la première fois dans un poème romain au premier siècle de notre ère.

L'anesthésie générale a été utilisée pour la première fois en 1846. Avant cela, les chirurgiens devaient effectuer des opérations pendant que les patients étaient encore conscients, ce qui était incroyablement douloureux.

Le stéthoscope a été inventé en 1816 par un médecin français nommé René Laennec. Avant cela, les médecins devaient poser leur oreille directement sur la poitrine du patient pour écouter les battements de cœur.

Dans certaines cultures, les guérisseurs traditionnels utilisent des méthodes comme le chant, la danse et même la transe pour aider à soigner les malades. Ces méthodes sont souvent combinées avec des plantes médicinales.

L'aspirine, l'un des médicaments les plus utilisés au monde, est fabriquée à partir de l'écorce de saule. Les anciens Égyptiens et Grecs utilisaient déjà l'écorce de saule pour réduire la fièvre et soulager la douleur.

Les rayons X ont été découverts en 1895 par Wilhelm Conrad Röntgen. Il a reçu le premier prix Nobel de physique en 1901 pour cette découverte révolutionnaire qui a changé la face de la médecine diagnostique.

Le premier scanner IRM a été utilisé en 1977. Avant cela, les médecins devaient souvent recourir à des méthodes invasives comme la chirurgie pour voir à l'intérieur du corps humain.

La première échographie a été réalisée en 1956. Cette technique utilise des ondes sonores pour créer une image de l'intérieur du corps, ce qui est particulièrement utile pendant la grossesse.

Le taux de survie pour de nombreuses maladies graves, comme certains types de cancer, a considérablement augmenté grâce aux progrès de la médecine. Par exemple, le taux de survie à 5 ans pour le cancer du sein est passé de 63% dans les années 1960 à près de 90% aujourd'hui.

La chirurgie robotique est devenue de plus en plus courante. Ces robots sont contrôlés par des chirurgiens et permettent une précision incroyable, réduisant ainsi les risques et le temps de récupération pour les patients.

Dans les années 1800, les dentistes utilisaient souvent des fils d'or pour réaliser des plombages dentaires. Aujourd'hui, une variété de matériaux sont utilisés, y compris des composites qui ressemblent à des dents naturelles.

Le premier test de grossesse à domicile a été mis sur le marché dans les années 1970. Avant cela, les femmes devaient aller chez le médecin pour un test de grossesse, ce qui était souvent coûteux et moins pratique.

L'Organisation mondiale de la santé (OMS) a été créée en 1948 et fait partie des Nations Unies. Son objectif est de construire un monde où chacun a le plus haut niveau possible de santé.

Extraterrestres et ovnis

Des lumières mystérieuses dans le ciel aux récits de rencontres rapprochées, le sujet des extraterrestres et des OVNIs fascine depuis toujours. Savais-tu que le terme OVNI signifie Objet Volant Non Identifié ? Ce n'est pas nécessairement un vaisseau spatial extraterrestre !

Le projet Blue Book était une étude sérieuse menée par l'armée de l'air américaine pour enquêter sur les OVNIs. Plus de 12 000 observations ont été recueillies mais le projet n'a pas trouvé de preuves définitives de visiteurs extraterrestres.

En 1947, un rancher du Nouveau-Mexique a découvert des débris étranges sur ses terres. L'armée a d'abord dit qu'il s'agissait d'un OVNI écrasé, mais a ensuite changé d'avis. Cet événement est connu sous le nom de "Roswell Incident" et suscite toujours des débats.

Il existe une "Journée mondiale des OVNIs", célébrée le 2 juillet, pour sensibiliser le public aux OVNIs et à la vie extraterrestre.

Certains astronautes, comme Edgar Mitchell, le sixième homme à marcher sur la Lune, ont déclaré croire à l'existence d'extraterrestres et pensent que le gouvernement cache des informations.

Le SETI est un projet scientifique qui utilise de grands radiotélescopes pour écouter des signaux extraterrestres. Imagine un peu si on recevait un jour un message de l'espace !

Le "Wow! Signal" est un signal radio capté en 1977 qui a été considéré comme le meilleur candidat pour un signal extraterrestre. On n'a jamais pu l'expliquer ni le redétecter.

Le film "E.T. l'extra-terrestre" de Steven Spielberg a été tellement populaire qu'il a même influencé la manière dont nous imaginons les extraterrestres : petits, avec une grande tête et de grands yeux.

Il y a une théorie appelée "paradoxe de Fermi" qui s'interroge sur le fait que, avec tant de planètes dans l'univers, nous n'avons toujours pas trouvé de signes de vie extraterrestre.

Le plus vieux rapport d'OVNI remonte à 1440 av. J.-C. en Égypte. Les scribes du pharaon Thoutmôsis III ont décrit des "cercles de feu" dans le ciel.

Betty et Barney Hill étaient un couple qui a affirmé avoir été enlevé par des extraterrestres en 1961. Leur histoire est l'une des plus célèbres en matière d'enlèvements extraterrestres.

Le "Black Knight Satellite" est une théorie du complot selon laquelle un satellite extraterrestre vieux de 13 000 ans orbite autour de la Terre. Bien sûr, il n'y a pas de preuve solide pour étayer cela.

Il existe un traité des Nations Unies qui stipule que si un être humain entre en contact avec un extraterrestre, il doit en informer l'ONU. C'est sérieux, ça s'appelle le Traité sur l'espace extra-atmosphérique !

Les ovnis ont même été repérés par des présidents ! Jimmy Carter et Ronald Reagan ont tous deux affirmé avoir vu des objets non identifiés dans le ciel.

En 2020, le département de la Défense des États-Unis a déclassifié trois vidéos montrant des rencontres entre des avions de chasse de la marine et ce qu'ils appellent des "phénomènes aériens non identifiés".

Le mot "extraterrestre" est souvent abrégé en "ET", qui signifie "Extra-Terrestrial" en anglais. Ce mot est devenu très populaire, surtout après le film du même nom.

Le livre "Chariots of the Gods" de Erich von Däniken propose que les technologies et religions anciennes ont été apportées à la Terre par des extraterrestres. Beaucoup de scientifiques ne sont pas d'accord, mais le livre a captivé l'imagination de beaucoup.

Le "Popocatepetl", un volcan actif au Mexique, est souvent associé à des observations d'OVNIs. Des vidéos montrent des objets étranges entrant ou sortant du cratère.

Le message d'Arecibo est une transmission radio envoyée dans l'espace en 1974 dans le but de contacter des extraterrestres. Le message contient des informations de base sur les humains et la Terre. Imagine si on recevait une réponse !

Le pouvoir des couleurs

Le rouge est souvent associé à l'énergie, à la passion et à l'action. Dans certaines cultures, c'est même la couleur du bonheur et de la chance. En Chine, le rouge est une couleur porte-bonheur souvent vue lors des mariages et des fêtes.

Savais-tu que le bleu est la couleur préférée de la majorité des gens dans le monde ? C'est une couleur qui évoque le calme et la sérénité, comme un ciel bleu ou une mer paisible.

Le jaune est la couleur la plus visible à l'œil humain, c'est pourquoi on l'utilise pour les panneaux de signalisation et les gilets de sécurité. Cette couleur évoque souvent l'optimisme et la positivité.

En psychologie des couleurs, le vert est associé à la nature, à la croissance et à la régénération. Dans les hôpitaux, les salles sont souvent peintes en vert parce qu'il est considéré comme apaisant.

Le violet était autrefois si cher à produire comme pigment que seulement les rois et les reines pouvaient se permettre de porter des vêtements de cette couleur. Aujourd'hui, on l'associe souvent à la créativité et à l'imagination.

Le noir et le blanc ne sont pas vraiment considérés comme des couleurs dans le spectre de la lumière, mais ils ont un impact énorme en design. Le noir est vu comme élégant et formel, tandis que le blanc évoque la pureté et la simplicité.

Dans certaines cultures, le rose est associé à la féminité, mais cela n'a pas toujours été le cas. Au début du XXe siècle, le rose était même considéré comme une couleur masculine !

Les couleurs peuvent aussi affecter notre appétit. Des études ont montré que le rouge et le jaune stimulent l'appétit, c'est pourquoi de nombreux restaurants utilisent ces couleurs dans leur logo ou leur décoration.

La couleur orange est un mélange de rouge et de jaune, et elle combine les énergies de ces deux couleurs. On l'associe souvent à l'enthousiasme et à l'aventure.

Les couleurs peuvent aussi avoir un effet sur notre humeur. Des études ont montré que les personnes travaillent mieux et se sentent plus à l'aise dans des espaces aux couleurs apaisantes comme le bleu ou le vert.

Il existe une thérapie basée sur les couleurs appelée chromothérapie. Cette pratique utilise les couleurs pour ajuster les déséquilibres du corps et de l'esprit.

Les drapeaux des pays ont souvent des couleurs qui ont une signification particulière. Par exemple, le bleu sur le drapeau français représente la liberté, le blanc l'égalité et le rouge la fraternité.

Le terme "avoir une peur bleue" vient de l'ancienne croyance que les fantômes et les esprits étaient visibles en bleu à la lumière du clair de lune.

Avez-vous déjà entendu parler de l'expression "lundi bleu" ? C'est une manière de décrire le sentiment de tristesse que certaines personnes ressentent au début de la semaine de travail.

Certaines couleurs sont associées à des causes spécifiques. Par exemple, le rose est souvent utilisé pour sensibiliser au cancer du sein et le rouge pour la lutte contre le SIDA.

Dans le monde animal, les couleurs jouent un rôle important pour la survie. Le caméléon change de couleur pour se camoufler, tandis que le paon utilise ses plumes colorées pour attirer un partenaire.

La couleur de notre peau est déterminée par un pigment appelé mélanine. Plus il y a de mélanine, plus la peau est foncée. C'est une adaptation naturelle aux différentes conditions climatiques et aux niveaux de lumière du soleil.

L'or est une couleur associée à la richesse et au luxe. Dans l'Égypte ancienne, l'or était considéré comme la chair des dieux et était utilisé pour fabriquer des masques mortuaires pour les pharaons.

En sport, les équipes portent souvent des couleurs vives pour se distinguer. Les couleurs de l'équipe peuvent même affecter les performances. Une étude a montré que les équipes portant du rouge gagnent plus souvent !

Le mot "couleur" vient du mot latin "color", qui signifie apparence ou teint. C'est assez logique, car les couleurs jouent un grand rôle dans la manière dont nous voyons et comprenons le monde qui nous entoure.

Machines incroyables

Savais-tu que le plus grand bulldozer du monde pèse plus de 68 tonnes ? Il est tellement puissant qu'il peut déplacer 76 tonnes de matière en une seule passe !

Le Large Hadron Collider en Suisse est le plus grand accélérateur de particules au monde. Il a une circonférence de 27 kilomètres et permet aux scientifiques d'étudier les particules les plus petites qui composent notre univers.

Tu as sûrement vu un hélicoptère, mais as-tu déjà entendu parler de l'hélicoptère quadrimoteur Mi-26 ? Il est tellement grand qu'il peut transporter un autre hélicoptère à l'intérieur de sa soute !

L'Hyperloop est une nouvelle forme de transport qui pourrait nous permettre de voyager à des vitesses allant jusqu'à 1200 km/h. Imagine, tu pourrais aller de Paris à Marseille en moins de 30 minutes !

Les grues géantes sont utilisées pour construire des gratte-ciel et d'autres structures immenses. La plus grande grue sur chenilles peut soulever l'équivalent de 20 bus scolaires en même temps !

La navette spatiale est une machine impressionnante qui a permis aux humains de voyager dans l'espace. Elle peut décoller comme une fusée et atterrir comme un avion.

La moissonneuse-batteuse est une machine agricole qui peut récolter, battre et nettoyer le grain en une seule opération. C'est comme un couteau suisse géant pour les agriculteurs !

L'excavatrice Bagger 288 en Allemagne est la plus grande machine terrestre mobile du monde. Elle est tellement grande qu'elle doit être assemblée sur place et peut extraire assez de charbon en une journée pour remplir près de 2400 camions de charbon.

Le tunnelier est une machine utilisée pour creuser de grands tunnels. Le plus grand tunnelier du monde, surnommé "Bertha", a un diamètre de près de 18 mètres.

Les drones sont de petites machines volantes qui peuvent être contrôlées à distance. Ils sont utilisés pour tout, de la livraison de colis à la prise de photos aériennes.

La machine à vapeur a révolutionné l'industrie et les transports. Savais-tu que la première locomotive à vapeur a été construite en 1804 ?

L'hoverboard est une sorte de skateboard futuriste qui flotte au-dessus du sol. Même s'il n'est pas encore aussi avancé que ceux que l'on voit dans les films, il est en cours de développement.

Le sous-marin peut explorer les profondeurs de l'océan où l'homme ne peut pas aller. Le sous-marin ayant atteint la profondeur la plus extrême est capable de plonger à des profondeurs dépassant les 10 000 mètres sous la surface de l'océan.

Le robot Da Vinci permet aux chirurgiens de réaliser des opérations complexes avec une précision incroyable. Le robot est contrôlé à distance par le chirurgien qui utilise une console de commande.

L'éolienne est une machine incroyable qui transforme le vent en énergie. Certaines des plus grandes éoliennes peuvent générer assez d'énergie pour alimenter 600 foyers américains.

Le tramway est une forme de transport public qui utilise des rails comme un train, mais circule en ville comme un bus. À Bordeaux, le tramway utilise une technologie spéciale qui lui permet de rouler sans lignes aériennes visibles.

Le jet-pack est un dispositif que tu portes sur ton dos et qui te permet de voler. Il est encore en phase de test, mais imagine pouvoir voler au-dessus des embouteillages pour aller à l'école !

Les montagnes russes sont des machines conçues pour nous donner des frissons et des sensations fortes. La plus rapide du monde atteint une vitesse de 240 km/h, c'est plus rapide que beaucoup de voitures de sport !

Les châteaux forts

T'as déjà vu un château dans un film ou un livre et tu t'es dit "Wow, j'aimerais y vivre !" ? Mais savais-tu que les premiers châteaux forts étaient en fait des structures en bois et en terre, construites pour se défendre contre les ennemis ?

Le plus grand château du monde est le château de Malbork en Pologne. Il couvre une superficie de 21 hectares, c'est comme 30 terrains de football mis côte à côte !

Les châteaux forts avaient des douves remplies d'eau autour d'eux pour empêcher les envahisseurs d'entrer. Certains avaient même des poissons dans leurs douves, comme une déco et une source de nourriture.

Les châteaux forts étaient des endroits très animés, avec des marchés, des églises et même des tournois de chevaliers. Ce n'était pas seulement le domicile du seigneur et de sa famille, mais aussi une petite communauté.

Tu as déjà entendu parler de la Tour de Londres ? C'est un château fort qui a servi de prison et même de zoo ! Des animaux exotiques comme des éléphants et des lions y ont été gardés.

Les châteaux forts ont souvent des tours de guet où les sentinelles peuvent surveiller les alentours. D'en haut, on peut voir très loin, ce qui est utile pour repérer les ennemis qui approchent.

Les murs des châteaux sont souvent très épais pour résister aux attaques. Certains murs font même plus d'un mètre d'épaisseur !

Le pont-levis est une des parties les plus cool d'un château. C'est un pont qui peut être levé ou abaissé. Quand il est levé, personne ne peut entrer ou sortir du château.

Les châteaux avaient des pièces secrètes appelées "oubliettes" où ils enfermaient les prisonniers. C'est un peu comme les cachettes secrètes que tu as peut-être dans ta chambre, mais beaucoup moins sympa.

Les créneaux sont ces petites ouvertures en haut des murs des châteaux. Ils permettaient aux archers de tirer des flèches tout en étant protégés.

Les châteaux ont souvent des chapelles parce que la religion était très importante à l'époque. Certaines chapelles étaient même construites pour ressembler à de petits châteaux !

Les châteaux étaient souvent entourés de jardins et de terres agricoles. Ils avaient leurs propres fermes, vignobles et parfois même des moulins.

Les châteaux ont souvent des blasons qui représentent la famille qui y habite. Chaque symbole a une signification particulière, un peu comme les emojis que tu utilises quand tu envoies des messages.

Dans certains châteaux, il y avait des pièces réservées pour les bains. Oui, même les chevaliers et les rois avaient besoin de prendre des bains !

La salle du trône est l'endroit où le roi ou la reine recevait ses invités et prenait des décisions importantes. C'était un peu comme le salon de la maison, mais en beaucoup plus grandiose.

Les cuisines des châteaux étaient énormes ! Elles devaient préparer de la nourriture pour des centaines de personnes chaque jour. Imagine devoir préparer un repas pour toute ta classe tous les jours!

Les châteaux avaient souvent des remparts, ce sont de grands murs qui entourent le château. On pouvait y marcher et ils servaient aussi de défense.

Certains châteaux avaient des systèmes de chauffage très ingénieux. Ils utilisaient des cheminées géantes et des conduits pour distribuer la chaleur dans différentes pièces.

Les salles de banquet étaient l'endroit où tout le monde se réunissait pour manger et faire la fête. Imagine une fête d'anniversaire, mais presque tous les jours !

Certains châteaux avaient même leur propre brasserie pour fabriquer de la bière. Mais ne t'en fais pas, les enfants buvaient une version beaucoup moins forte que celle des adultes.

Les châteaux étaient souvent construits sur des collines ou près de l'eau pour avoir un avantage stratégique. Du haut d'une colline, on peut voir les ennemis arriver de loin !

Les châteaux avaient souvent plusieurs portes et des chemins compliqués pour y accéder. C'était fait exprès pour confondre les envahisseurs et les rendre plus faciles à arrêter. C'est un peu comme un labyrinthe géant !

Les phénomènes naturels inexpliqués

Il y a un lac en Inde où l'on trouve des squelettes humains chaque année quand la glace fond. On pense que ces personnes sont mortes à cause d'une tempête de grêle il y a des centaines d'années, mais on n'en est pas sûr.

Tu as déjà vu un arc-en-ciel ? Et bien, dans certains endroits, tu peux voir un cercle complet ! C'est très rare et c'est dû à la réfraction de la lumière, mais c'est tellement beau que certaines personnes pensent que c'est magique.

Et les aurores boréales ? Ces lumières dans le ciel qui dansent comme des fantômes. Elles sont causées par des particules solaires, mais certaines cultures pensent qu'il s'agit de l'œuvre d'esprits ou de dieux.

Dans le désert, il y a des pierres qui bougent toutes seules ! On les appelle les "pierres qui roulent", et même si on pense que le vent et la glace y sont pour quelque chose, personne ne les a jamais vues bouger.

En Antarctique, il y a un lac sous la glace qui est tellement salé qu'il ne gèle jamais. On l'appelle le "Blood Falls" parce que l'eau est rouge à cause des minéraux.

Dans certains pays, il y a des feux qui brûlent depuis des milliers d'années. On les appelle les "feux éternels", et même si on pense qu'ils sont alimentés par des gaz naturels, c'est toujours un mystère.

Il y a des rivières sous-marines dans les océans. Imagine ça, une rivière dans une autre rivière ! Elles ont même des arbres et des feuilles sur leurs "rives".

Il y a des trous géants dans certains lacs qui avalent tout ce qui passe à proximité. On les appelle des "siphons" et ils sont super dangereux.

Dans certaines forêts, il y a des arbres qui plient sans raison apparente. On ne sait pas si c'est naturel ou si c'est l'œuvre de l'homme, mais c'est vraiment étrange.

Au Venezuela, il y a un endroit où il y a des orages presque tous les soirs. On l'appelle la "foudre de Catatumbo", et c'est un spectacle incroyable à voir.

Dans le désert de Namibie, il y a des cercles dans le sable que personne ne peut expliquer. On les appelle les "cercles de fées", et certains pensent qu'ils sont faits par des extraterrestres.

Il y a des lacs roses en Australie. Leur couleur est due à des algues et des crevettes, mais c'est tellement surprenant que ça a l'air d'un autre monde.

En Norvège, il y a des tourbillons géants dans la mer. On les appelle des "maelströms", et ils peuvent être très dangereux pour les bateaux.

En Sibérie, il y a des cratères géants qui apparaissent du jour au lendemain. On pense qu'ils sont causés par des explosions de gaz, mais on n'en est pas sûr.

Dans certains marais, il y a des lumières qui flottent dans les airs. On les appelle les "feux follets", et même si on pense qu'ils sont causés par des gaz en décomposition, ils sont toujours un peu effrayants.

Au Mexique, il y a une grotte pleine de cristaux géants. Certains sont même plus grands qu'un bus ! On ne sait pas comment ils ont pu pousser aussi gros.

Dans le Pacifique, il y a des îles qui disparaissent et réapparaissent. On pense que c'est à cause de l'activité volcanique, mais c'est toujours un mystère.

Et enfin, il y a des endroits où il neige même en été. On les appelle les "neiges éternelles", et même si c'est à cause de l'altitude, c'est toujours surprenant de voir de la neige en plein juillet !

Les civilisations disparues

Savais-tu qu'il existait une civilisation appelée Sumer en Mésopotamie ? Ils ont inventé l'écriture, mais un jour, ils ont juste disparu. On ne sait pas vraiment pourquoi, c'est comme s'ils s'étaient volatilisés.

Ah, et les Mayas ! Ils étaient super forts en mathématiques et en astronomie. Ils ont même créé un calendrier très précis. Mais à un moment donné, ils ont juste arrêté de construire des pyramides et de graver des stèles, et on ne sait pas pourquoi.

Il y a aussi la civilisation de l'Indus. Ils avaient des villes bien planifiées avec des égouts et tout, mais ils ont disparu sans laisser de trace. Certains pensent que c'était à cause d'un changement climatique, d'autres que c'était à cause d'invasions.

Les Minoens vivaient sur l'île de Crète et étaient connus pour leurs palais luxueux. Mais ils ont été anéantis par une éruption volcanique ou peut-être un tsunami, on n'est pas sûr.

Tu as déjà entendu parler de l'Atlantide ? C'est une île qui aurait existé il y a très longtemps, mais qui aurait été engloutie par l'océan. Certaines personnes pensent qu'elle a vraiment existé, mais personne n'a jamais trouvé de preuves.

Il y avait une civilisation en Afrique appelée le Royaume de Kush. Ils étaient si puissants qu'ils ont même conquis l'Égypte à un moment donné. Mais finalement, ils ont disparu et on ne sait pas très bien pourquoi.

Les Anasazis étaient des peuples qui vivaient dans le sud-ouest des États-Unis. Ils construisaient des maisons dans les falaises, mais à un moment donné, ils ont juste arrêté de le faire et ont disparu.

Les Phéniciens étaient de grands navigateurs et commerçants, mais leur civilisation a disparu et on ne sait pas où ils sont allés ni ce qui leur est arrivé.

Le Royaume d'Aksoum en Éthiopie était très riche grâce au commerce, mais il a été détruit, peut-être à cause du changement climatique ou de la surexploitation des terres.

Les Olmèques étaient l'une des premières civilisations d'Amérique et sont connus pour leurs énormes têtes en pierre. Mais ils ont disparu avant même que les Mayas ne deviennent puissants.

La civilisation de Carthage en Afrique du Nord était si puissante qu'elle a failli battre Rome. Mais finalement, Rome a détruit Carthage et tout ce qui en restait.

Les Étrusques en Italie étaient très avancés, mais ils ont été conquis par les Romains et leur culture a été presque entièrement perdue.

Il y avait un peuple appelé les Toltèques au Mexique qui étaient très influents, mais ils ont disparu et on ne sait pas pourquoi.

En Chine, il y avait une civilisation appelée Sanxingdui qui a laissé des masques en bronze étranges, mais on ne sait rien d'autre sur eux.

Les Scythes étaient des cavaliers nomades qui ont vécu dans ce qui est aujourd'hui la Russie. Ils ont laissé des tombes remplies de trésors, mais leur culture a disparu.

Au Pérou, la civilisation Nazca est connue pour ses lignes géantes dans le désert que l'on ne peut voir que du ciel. Mais on ne sait pas pourquoi ils les ont faites, ni ce qui leur est arrivé.

Les Celtes vivaient dans toute l'Europe, mais quand les Romains et d'autres peuples ont envahi, ils ont disparu ou ont été assimilés.

Il y avait une civilisation appelée Mississipienne en Amérique du Nord qui construisait d'énormes monticules, mais ils ont disparu avant que les Européens n'arrivent.

Les peuples de la civilisation Tiwanaku près du lac Titicaca en Bolivie ont disparu, laissant derrière eux des statues et des temples mystérieux.

Ah, et n'oublions pas les Maoris de Nouvelle-Zélande. Ils ont construit des statues énormes appelées Moaï, mais on ne sait pas comment ils ont fait ni pourquoi leur civilisation a décliné.

Les mathématiques dans la nature

Tu sais, les mathématiques ne sont pas que dans les livres ou les salles de classe, elles sont partout dans la nature. Prends l'exemple de la suite de Fibonacci. Tu as déjà vu un tournesol ? Si tu comptes les spirales dans un sens puis dans l'autre, tu obtiendras deux nombres consécutifs de la suite de Fibonacci. Incroyable, non ?

Et les coquillages ! Tu as déjà remarqué que beaucoup ont une forme en spirale ? Cette spirale est en réalité une spirale logarithmique, et elle suit une formule mathématique très précise. Même les vagues de l'océan suivent des modèles mathématiques quand elles se brisent sur la plage.

Les flocons de neige sont un autre exemple fascinant. Chaque flocon de neige a une structure hexagonale symétrique, ce qui est une caractéristique mathématique. Et pourtant, chaque flocon est unique en son genre.

Tu connais les fractales ? Ce sont des formes qui se répètent à l'infini, et on peut les trouver dans des choses comme les fougères ou les arbres. Même les montagnes et les nuages peuvent être décrits en utilisant des fractales.

Parlons des abeilles. Leurs ruches sont construites en hexagones, et il y a une raison mathématique à cela. L'hexagone est la forme qui utilise le moins de matériau pour créer un espace de rangement, donc c'est le plus efficace.

Et les étoiles dans le ciel ? Les orbites des planètes autour du soleil suivent des lois mathématiques très précises, découvertes par des astronomes comme Kepler.

Les spirales sont très courantes dans la nature, comme dans les ouragans ou les galaxies. Ces spirales suivent souvent la règle du nombre d'or, qui est un autre concept mathématique.

Même dans notre corps, les mathématiques jouent un rôle. Par exemple, le rythme de notre cœur suit des modèles mathématiques complexes.

Les toiles d'araignée, tu les trouves peut-être effrayantes, mais elles sont en réalité des chefs-d'œuvre de géométrie. Les araignées utilisent le moins de soie possible pour créer une toile qui couvre la plus grande surface.

Les motifs sur le pelage des animaux, comme les rayures du zèbre ou les taches du léopard, peuvent aussi être expliqués par des équations mathématiques.

Tu as déjà vu des bancs de poissons ou des vols d'oiseaux ? Ils se déplacent en suivant des modèles qui peuvent être décrits par des algorithmes mathématiques.

Les branches des arbres et la manière dont elles se divisent suivent aussi des modèles mathématiques. Cela permet à l'arbre de recevoir le plus de lumière solaire possible.

Les cristaux sont des formes naturelles qui ont une structure très ordonnée. Cette structure peut être décrite en utilisant la géométrie et l'algèbre.

Même le son a une dimension mathématique. Les ondes sonores peuvent être décrites par des équations mathématiques, et c'est la raison pour laquelle nous pouvons créer de la musique.

Les motifs que l'on trouve dans les fruits et les légumes suivent aussi des règles mathématiques. Comme les graines de tournesol, les pépins de pomme sont disposés en cercles qui suivent la suite de Fibonacci.

La manière dont la lumière se déplace et se réfracte suit des lois mathématiques. C'est pour cela que nous pouvons voir des arcs-en-ciel.

L'ADN dans nos cellules a une structure en double hélice, qui est en réalité une forme mathématique très complexe.

Les formations géologiques, comme les stalactites et les stalagmites dans les grottes, suivent aussi des modèles mathématiques dans leur formation.

Même les fourmilières sont construites en suivant des algorithmes mathématiques. Les fourmis suivent des règles très précises pour maximiser l'efficacité de leur colonie.

Échecs et échec et mat

Ah, les échecs, ce n'est pas qu'un simple jeu de plateau. C'est un univers entier de stratégies, de tactiques et même de mathématiques. Savais-tu qu'il y a plus de possibilités de mouvements dans une partie d'échecs que d'atomes dans l'univers connu ? C'est ce qu'on appelle la "compléxité combinatoire" et ça donne le vertige !

Les échecs ont une histoire fascinante. Ils sont nés en Inde, il y a plus de mille ans, sous le nom de chaturanga. Le jeu a voyagé à travers le monde, de la Perse à l'Europe, en changeant et en évoluant. Même Napoléon Bonaparte était un fan de ce jeu de l'esprit !

Parlons des ouvertures, ces premiers mouvements cruciaux qui peuvent décider de tout le match. Il y en a des centaines, avec des noms comme la Défense Sicilienne ou l'Ouverture Espagnole. Ces noms viennent souvent des joueurs ou des pays qui les ont popularisés.

Tu te demandes peut-être pourquoi les cases de l'échiquier sont en noir et blanc ? Ce n'est pas juste pour faire joli. Les couleurs contrastées aident les joueurs à mieux visualiser les mouvements et les stratégies.

Les grands maîtres des échecs, ce sont comme des rockstars dans le monde des échecs. Ils ont une mémoire incroyable et peuvent se rappeler des parties entières, coup par coup, même des années après.

Certaines pièces sont plus puissantes que d'autres, mais savais-tu que la reine n'a pas toujours été aussi forte ? Avant, elle ne pouvait se déplacer que d'une case à la fois. Ce n'est qu'au 15e siècle qu'elle est devenue la pièce la plus puissante du jeu.

Il y a même des robots qui jouent aux échecs ! En 1997, un ordinateur appelé Deep Blue a battu le champion du monde Garry Kasparov. Depuis, les ordinateurs sont devenus de plus en plus forts, mais ils aident aussi les humains à s'améliorer.

Les échecs sont aussi un excellent entraînement pour le cerveau. Jouer régulièrement peut améliorer ta mémoire, ta concentration et même tes compétences en mathématiques.

Les échecs ne sont pas qu'un jeu d'hommes. De grandes joueuses, comme Judit Polgár, ont battu plusieurs champions du monde masculins. Elle a même été l'une des joueuses les mieux classées au monde, hommes et femmes confondus.

Savais-tu qu'il existe une variante des échecs où les pièces sont placées aléatoirement au début de la partie ? Ça s'appelle Chess960 et ça a été inventé par le champion du monde Bobby Fischer pour rendre le jeu encore plus intéressant.

Le terme "échec et mat" vient de l'arabe "shah mat" qui signifie "le roi est impuissant". Et c'est tout le but du jeu, mettre le roi adverse dans une position où il ne peut ni fuir, ni être sauvé.

Le coup du berger, c'est l'une des plus anciennes astuces aux échecs pour piéger un débutant. En seulement quatre coups, tu peux mettre le roi adverse en échec et mat si l'autre joueur ne fait pas attention.

Il y a une règle appelée "en passant" que beaucoup de gens ignorent. Elle permet à un pion de capturer un autre pion qui vient de sauter deux cases devant lui, comme s'il n'en avait sauté qu'une.

Le "pat" est une situation rare où un joueur n'a aucun coup légal à jouer, mais son roi n'est pas en échec. La partie se termine alors par une égalité, sans gagnant ni perdant.

Dans certains tournois, les joueurs ont une limite de temps pour faire tous leurs coups. C'est ce qu'on appelle le "jeu d'échecs rapide" et ça rend la partie encore plus stressante et excitante.

Le roi peut aussi sauter par-dessus une tour pour se mettre en sécurité, mais seulement si aucune des deux pièces n'a encore été déplacée. Ça s'appelle le "roque" et c'est un bon moyen de protéger son roi.

La pièce la moins chère est le pion, mais si tu réussis à amener un de tes pions jusqu'à la dernière rangée de ton adversaire, il peut être promu en n'importe quelle pièce. La plupart du temps, les joueurs choisissent une autre reine.

Des films et des séries, comme "Le Jeu de la Dame", ont rendu les échecs encore plus populaires. Cette série a même provoqué une augmentation des ventes de jeux d'échecs dans le monde entier.

Les échecs sont tellement populaires qu'il y a même des parties jouées par correspondance. Les joueurs envoient leurs coups par courrier postal et une partie peut durer des mois, voire des années !

Il existe des tournois d'échecs pour tous les âges et tous les niveaux. Certains jeunes prodiges, comme Magnus Carlsen, ont commencé à jouer dans des tournois alors qu'ils n'avaient que quelques années.

Jouer aux échecs peut même te faire voyager. Des compétitions internationales ont lieu partout dans le monde, de New York à Moscou en passant par Dubaï. Qui sait, peut-être que tu seras le prochain grand maître qui fera le tour du monde !

L'art du camouflage

L'art du camouflage, ce n'est pas que pour les espions ou les soldats ! Dans la nature, de nombreux animaux utilisent le camouflage pour se cacher de leurs prédateurs ou pour chasser. Le caméléon, par exemple, peut changer la couleur de sa peau pour se fondre dans son environnement. C'est comme s'il portait un costume invisible !

Le terme "camouflage" vient du mot français "camoufler", qui signifie "dissimuler". Pendant la Première Guerre mondiale, les armées ont commencé à utiliser des techniques de camouflage pour cacher leurs soldats, leurs véhicules et même leurs navires. Des artistes ont même été recrutés pour créer des motifs et des couleurs trompeuses.

Le mimétisme, c'est quand un animal ou une plante ressemble à un autre objet ou à un autre être vivant. Certains papillons, par exemple, ont des ailes qui ressemblent à des feuilles mortes. Ainsi, ils peuvent se poser sur une branche et disparaître presque complètement !

Tu as peut-être déjà vu des voitures ou des avions avec des motifs bizarres de formes géométriques et de couleurs différentes. Ces motifs sont conçus pour dérouter l'œil et rendre difficile de savoir à quelle distance se trouve l'objet.

Dans le monde du cinéma et des jeux vidéo, le camouflage optique est souvent utilisé pour créer des effets spéciaux. Par exemple, un acteur peut porter un costume vert devant un fond vert, ce qui permet ensuite de le remplacer par n'importe quel autre décor grâce à des techniques numériques.

Le camouflage thermique, c'est quand on utilise des matériaux spéciaux pour cacher la chaleur corporelle. Ça peut être très utile pour échapper à des caméras thermiques qui détectent la chaleur au lieu des couleurs.

Les animaux marins ont aussi leurs propres techniques de camouflage. Certains poissons plats peuvent s'enterrer dans le sable, ne laissant dépasser que leurs yeux. D'autres, comme le calmar, peuvent même changer de texture pour ressembler à des plantes aquatiques !

Les vêtements de camouflage sont devenus à la mode, mais ils ont une origine très sérieuse. Les motifs sont conçus pour aider les soldats à se fondre dans différents environnements, comme la forêt, le désert ou la neige.

Des chercheurs travaillent sur des matériaux "caméléon", qui changent de couleur en fonction de leur environnement. Imagine pouvoir porter un t-shirt qui change de couleur tout seul !

Le guépard, l'animal terrestre le plus rapide, utilise le camouflage pour approcher de ses proies sans être vu. Ses taches ressemblent aux ombres et aux lumières du paysage africain, ce qui le rend presque invisible lorsqu'il est à l'affût.

Les fourmis coupe-feuille ont développé une technique de camouflage très spéciale. Elles portent des morceaux de feuilles au-dessus de leur tête pour se cacher des prédateurs pendant qu'elles travaillent.

Dans l'art moderne, certains artistes utilisent le camouflage pour faire réfléchir sur la manière dont nous voyons le monde. Ils peuvent peindre des objets ou des personnes pour les fondre dans un décor, créant une illusion fascinante.

Le camouflage ne sert pas qu'à se cacher, il peut aussi servir à effrayer. Certains animaux, comme les poissons-globes, peuvent se gonfler et montrer des motifs qui ressemblent à des yeux géants pour faire fuir leurs prédateurs.

Des ingénieurs étudient les techniques de camouflage des animaux pour les appliquer aux technologies humaines. Par exemple, des drones pourraient un jour utiliser des techniques de mimétisme pour passer inaperçus.

Les enfants adorent jouer à cache-cache, et c'est une forme de camouflage ! Trouver le meilleur endroit pour se cacher et rester silencieux, c'est pratiquer l'art de la dissimulation.

Le henné, une teinture naturelle, est parfois utilisé pour créer des motifs de camouflage sur la peau. C'est une tradition ancienne dans certaines cultures pour célébrer des événements spéciaux.

L'armée utilise parfois des filets de camouflage pour cacher des véhicules ou des équipements. Ces filets sont conçus pour ressembler à la végétation locale, ce qui les rend presque indétectables de loin.

Les araignées-crabes sont des pros du camouflage. Elles peuvent ajuster la couleur de leur corps pour correspondre à la fleur sur laquelle elles se trouvent. Ainsi, elles peuvent attraper des insectes sans être vues.

Les orchidées mantis sont des insectes incroyables qui ressemblent à des fleurs. Elles utilisent leur apparence pour attirer des insectes pollinisateurs, qui deviennent ensuite leur repas !

Les mois de l'année

Savais-tu que les noms des mois de l'année ont des origines fascinantes qui remontent à des siècles ? Janvier, par exemple, vient du dieu romain Janus, qui a deux visages. Il regarde à la fois vers le passé et vers le futur, un peu comme nous quand une nouvelle année commence !

Février tire son nom du mot latin "Februarius", qui est lié à "februa", une ancienne fête romaine de purification. C'est souvent le mois où on commence à penser au grand ménage de printemps !

Mars est nommé d'après Mars, le dieu romain de la guerre. C'est peut-être parce que c'est le mois où la nature "combat" pour sortir de l'hiver et accueillir le printemps.

Avril pourrait venir du mot latin "aperire", qui signifie "ouvrir". C'est le mois où les fleurs commencent à s'ouvrir et où le printemps arrive vraiment.

Mai est nommé d'après Maia, une déesse de la terre et de la croissance. C'est le mois où tout semble pousser et fleurir.

Juin vient de "Juno", la reine des dieux dans la mythologie romaine. Elle est la protectrice du mariage et du bien-être des femmes, ce qui explique peut-être pourquoi beaucoup de gens choisissent de se marier en juin.

Juillet a été nommé en l'honneur de Jules César, le célèbre général romain. Avant, on l'appelait "Quintilis", qui signifie "cinquième" en latin, car c'était le cinquième mois du calendrier romain.

Août doit son nom à Auguste, le premier empereur romain. Il a choisi ce mois parce qu'il a remporté plusieurs de ses grandes victoires en août.

Septembre, octobre, novembre et décembre viennent des mots latins pour sept, huit, neuf et dix. C'est un peu bizarre, parce que ce sont en fait les 9e, 10e, 11e et 12e mois de l'année ! C'est parce que le calendrier romain original commençait en mars.

Dans certaines cultures, les mois ont des noms complètement différents qui sont liés aux saisons ou aux activités agricoles. Par exemple, dans le calendrier traditionnel japonais, un des mois est appelé "Yuki-gedzuki", ce qui signifie "mois de la neige qui fond".

Autrefois, certains peuples utilisaient un calendrier lunaire basé sur les phases de la lune. Dans ce système, chaque mois commençait avec la nouvelle lune. C'est encore le cas pour le calendrier islamique.

Tu as peut-être entendu parler du "mois bleu", c'est un mois qui a deux pleines lunes. Le terme "once in a blue moon" (une fois toutes les lunes bleues) vient de là et signifie que quelque chose est très rare.

Dans le calendrier aztèque, il y avait un mois supplémentaire tous les quatre ans, un peu comme notre année bissextile. Sauf que ce mois avait seulement cinq jours !

En Russie, pendant la révolution de 1917, le pays est passé du calendrier julien au calendrier grégorien. Résultat, les gens se sont réveillés un beau matin pour découvrir qu'ils avaient "sauté" du 1er février au 14 février !

Certains mois sont associés à des pierres précieuses ou à des fleurs. Par exemple, si tu es né en mai, ta pierre est l'émeraude et ta fleur est le muguet.

En Éthiopie, le calendrier a 13 mois ! Douze mois de 30 jours et un treizième mois de 5 ou 6 jours, selon que c'est une année bissextile ou non.

Le "Mouvement international pour un calendrier rationalisé" a proposé un calendrier avec 13 mois de 28 jours chacun, plus un "jour zéro" supplémentaire. Mais l'idée n'a jamais vraiment décollé.

Dans le calendrier hébreu, certains mois ont un "jumeau" ! Par exemple, il y a deux mois appelés Adar en année bissextile. Le second est ajouté pour que le calendrier reste aligné avec les saisons.

Le calendrier balinais, utilisé à Bali en Indonésie, a seulement dix mois ! Mais attention, chaque mois a 35 jours, donc l'année est en réalité plus longue.

Les mois et leurs noms, c'est toute une histoire qui voyage à travers le temps et les cultures. Alors la prochaine fois que tu changeras la page de ton calendrier, tu sauras que chaque mois a son propre petit secret à raconter !

Les pierres précieuses

Les pierres précieuses ont toujours fasciné les humains. Elles sont plus que de simples cailloux colorés, elles ont des histoires à raconter et des pouvoirs que certains croient magiques ! Prenez le diamant, par exemple. Saviez-vous qu'il est fait entièrement de carbone, le même élément que le crayon que tu utilises pour dessiner ? La seule différence est la manière dont le carbone est arrangé.

L'émeraude est connue pour sa belle couleur verte. Mais saviez-vous que cette couleur vient du chrome et du vanadium dans la pierre ? Oui, ces métaux changent tout !

Certaines pierres précieuses comme l'opale peuvent afficher toute une gamme de couleurs. En fait, certaines opales peuvent briller de toutes les couleurs de l'arc-en-ciel quand la lumière les frappe d'une certaine manière.

La turquoise est une pierre précieuse qui a été utilisée pour créer des bijoux depuis des milliers d'années. Les anciens Égyptiens l'adoraient tellement qu'ils l'utilisaient même pour décorer les masques funéraires des momies !

La pierre de lune est vraiment spéciale. Elle a une sorte de lueur bleue qui se déplace quand tu la tournes, un peu comme les phases de la lune. C'est pourquoi on l'appelle la pierre de lune.

Si tu aimes les légendes, tu adoreras l'histoire du lapis-lazuli. Dans l'ancienne Mésopotamie, cette pierre était considérée comme sacrée et on pensait qu'elle avait le pouvoir de guider l'âme dans l'au-delà.

L'améthyste est une pierre violette qui était autrefois aussi précieuse que le rubis et l'émeraude. Aujourd'hui, elle est beaucoup plus abordable, mais tout aussi belle. Dans l'Antiquité, on croyait qu'elle protégeait contre l'ivresse !

La pierre précieuse appelée alexandrite est vraiment étonnante. Elle change de couleur selon la lumière. À la lumière du jour, elle est verte, mais sous un éclairage artificiel, elle devient rouge !

Le grenat est souvent rouge, mais il peut aussi être vert, orange, jaune ou même violet. Ce qui est encore plus cool, c'est que dans certaines conditions, il peut même ressembler à un petit arc-en-ciel!

Le quartz est une gemme appréciée pour sa diversité de couleurs, pouvant arborer presque toutes les teintes possibles. Une des variétés fascinantes est le "quartz œil de chat", caractérisé par une bande lumineuse centrale. Cette particularité lui donne l'apparence saisissante d'un œil de félin.

Certaines pierres précieuses, comme le péridot, viennent de l'espace ! Oui, vous avez bien entendu. Ils sont apportés sur Terre par des météorites.

La labradorite a un jeu de couleurs incroyable qui ressemble à des aurores boréales capturées dans une pierre. Les couleurs changent en fonction de l'angle sous lequel vous la regardez.

Le spinelle est souvent confondu avec le rubis. En fait, certaines des pierres précieuses les plus célèbres du monde, autrefois considérées comme des rubis, se sont avérées être des spinelles !

L'agate est une pierre précieuse vraiment cool parce qu'elle a des couches de couleurs différentes. C'est comme un gâteau aux couleurs de l'arc-en-ciel, mais en pierre !

Le jade a été utilisé pour créer des outils et des bijoux depuis la préhistoire. Dans la culture chinoise, il est associé à la pureté et à la moralité.

La topaze peut être incolore, mais elle est souvent traitée pour prendre toutes sortes de couleurs, du bleu au rose en passant par le doré.

Le corail n'est pas vraiment une pierre, c'est en fait le squelette durci de créatures marines ! Il est souvent utilisé pour faire des bijoux et peut être rouge, rose ou blanc.

La tanzanite est une pierre précieuse découverte en Tanzanie dans les années 1960. Elle est si rare qu'elle est considérée comme mille fois plus rare que le diamant !

Le zircon est l'une des plus anciennes substances de la Terre. On a trouvé des zircons en Australie qui ont environ 4,4 milliards d'années. C'est presque aussi vieux que la Terre elle-même !

Et voilà, une petite visite guidée dans le monde fascinant des pierres précieuses. Elles sont bien plus que de jolies décorations, elles sont les témoins silencieux de l'histoire de notre planète et des cultures qui les ont chéries.

Partagez Votre Avis et Découvrez Plus avec Notre Jeu de Questions Inédites !

Votre lecture de notre livre est terminée, mais votre aventure peut se poursuivre ! Si notre livre vous a captivé, nous vous serions très reconnaissants de partager votre expérience en laissant un avis. Votre perspective est précieuse pour nous et pour les futurs lecteurs.

En plus, nous avons une surprise pour vous : un jeu exclusif de 500 questions-réponses à imprimer, regorgeant de questions inédites qui ne figurent pas dans le livre. Ce jeu interactif est une opportunité unique de plonger encore plus profondément dans l'univers que nous avons créé, de découvrir des aspects cachés et d'explorer des thèmes supplémentaires qui enrichiront votre compréhension de l'histoire.

Téléchargez le jeu, imprimez-le et préparez-vous à une exploration fascinante au-delà des pages.

Voici le lien pour télécharger le jeu :
https://bit.ly/1500Faits-QR

Voici comment laisser un commentaire

Accédez à la page de détails de l'article sur Amazon en visitant www.amazon.fr/dp/B0CM6M46JN ou en scannant le QR code ci-joint.

Sélectionnez Rédiger un commentaire sur le produit dans la section Commentaires clients.

Choisissez une note pour le livre.

Une fois votre commentaire rédigé, une coche verte indiquera que votre avis a été soumis avec succès.

Vous pouvez également ajouter du texte, des photos ou des vidéos avant de sélectionner Soumettre.

Votre avis peut faire toute la différence.

Merci infiniment pour votre temps et votre soutien.

Printed in Poland
by Amazon Fulfillment
Poland Sp. z o.o., Wrocław
21 March 2024

690dd9ee-fb48-4cc0-ba0e-d9db78f0486eR01